LES
PRESTIGIEUX TENORS
DE
L'OPERA DE
PARIS

Jean Gourret

Jean Giraudeau

LES PRESTIGIEUX TENORS

DE

L'OPERA DE PARIS

Le Sycomore Editions
102, boulevard Beaumarchais
75011 PARIS
Tél. : 806.61.23.

PREFACE

On pourrait penser qu'il faut avoir l'âme chevillée au corps pour écrire un livre sur "Les Prestigieux Ténors de l'Opéra de Paris" à l'heure où s'achève l'ère Liebermann, dont l'une des caractéristiques aura été le reflux des chanteurs français, et où brillent sur les affiches du Palais Garnier les noms des super-vedettes internationales ! Mais l'auteur nous a habitués à ces coups de cœur qui, loin d'être à contre courant, accompagnent, en réalité, comme en contrepoint, des mouvements en profondeur. Ainsi de *La Crise de l'Opéra*, de son *Histoire de l'Opéra*, et enfin, l'an dernier, de l'*Histoire de l'Opéra-Comique* qui correspondait à la réouverture de la salle Favart.

La passion de Jean Gourret c'est d'abord celle des voix et des chanteurs. Elle lui donne la patience et la persévérance d'accomplir à la Bibliothèque de l'Opéra et aux Archives Nationales un travail de bénédictin d'où il ramène une mine de renseignements et mille anecdotes pittoresques, puissants antidotes à l'ennui de toute compilation.

Ce Docteur en droit n'a pas seulement publié des livres ; il a été aussi l'efficace rapporteur de la Commission du Chant au Secrétariat d'Etat à la Culture, présidée par Serge Nigg, qui a élaboré la première méthode de technique vocale à l'usage des Professeurs de chant, aujourd'hui diffusée dans tous les Conservatoires. Une révolution ! ...

Après s'être intéressé à l'histoire des institutions et des bâtiments vénérables, il est logique que Jean Gourret en arrive à celle des interprètes. Dans cette entreprise il a pris pour associé Jean Giraudeau qui fut lui-même l'un des brillants ténors de l'Opéra, occupant, en outre, le poste de Préfet du chant de la R.T.L.N. puis celui de Directeur de l'Opéra-Comique et qui enseigne le chant au Conservatoire de Paris. Jean Giraudeau, partenaire enthousiaste, a mis au service de ce livre son expérience vécue, sa documentation personnelle et sa connaissance intime des chanteurs français contemporains. Ténor aujourd'hui rime avec voix d'or. Il n'en fut pas toujours ainsi. Car la gloire ensoleillée des ténors, de Caruso à Pavarotti en passant par Georges Thill et José Luccioni, est une conquête récente venue d'Italie. L'avènement du ténor au premier plan des scènes lyriques est lié à la naissance du héros romantique dans le premier tiers du XIXᵉ siècle. Mais, la soudaine promotion de la voix de ténor n'eût pas été possible sans une acquisition technique : celle de la quinte aigue en voix de poitrine. Cette innovation entraîna une cassure profonde dans l'école de chant française. Alors que jusqu'au XVIIIᵉ siècle la déclamation était en quelque sorte consubstancielle au chant, la ligne de chant comme le cri vont devenir, au détriment du texte, l'élément moteur de la dramatisation. D'où Wagner, Verdi et le vérisme italien. Dans "La Prestigieuse Histoire des Ténors de l'Opéra de Paris" tout cela est démonté sous nos yeux, sans que soient omis les problèmes humains entraînés par cette brutale mutation. Si l'Opéra de Liebermann n'a plus rien de commun avec celui de Lully, il y a tout de même une constante dans cette chronologie, c'est que, pour changer les choses, la "Grande Boutique" a toujours dû faire appel à des étrangers, Gluck, Rossini et Meyerbeer compris !

Jacques Doucelin
Critique Musical au Figaro.

INTRODUCTION
MYSTERIEUX TENOR

Le ténor est le prince des chanteurs. Il règne sur les voix d'hommes comme la "diva" sur celles des cantatrices. Le public l'idolâtre, les femmes s'embrasent pour lui. Son prestige s'étend au-delà des frontières de l'art lyrique et le langage courant s'est emparé de son nom pour l'appliquer aux personnages très en vue dans l'activité qu'ils exercent : ainsi parlera-t-on d'un ténor du barreau, de la politique ou du sport ! A quoi tient-elle, à la vérité, l'éclatante notoriété de ces êtres au physique souvent disgracieux et à la mentalité parfois infantile ? Sans nul doute au fait qu'ils bénéficient au suprême degré de la mystérieuse magie de la voix humaine. Déjà le seul phénomène de la voix, de la phonation, fût-elle simplement parlée, relève d'artifices au fonctionnement inexpliqué. En effet, il ne s'agit pas d'un mécanisme naturel et spontané. On ne naît pas avec l'instinct de parler. Aux origines, l'homo sapiens reste muet et, tel un animal, il se borne à émettre des cris désordonnés, rauques ou stridents, conséquences purement secondaires de la physiologie de son appareil respiratoire. La glotte, siège des fameuses cordes vocales, n'est initialement qu'un sphincter qui se ferme au passage des aliments pour leur interdire de pénétrer dans la trachée artère. La vraie voix sera une conquête de l'intelligence humaine, un produit élaboré par la civilisation. Mais, dira-t-on, la science n'a-t-elle pas maintenant soulevé les voiles de l'inconnu en démontant la mécanique dont le processus aboutit à fabriquer les sons ? Point du tout. De nombreuses théories se sont succédé. se périmant à tour de rôle. Il y eut celle de la vibration des cordes vocales par l'effet de l'air sous pression provenant des poumons : comme sur un instrument de musique les cordes longues auraient fourni les sons graves, les courtes les aigus. Mais on s'aperçut que la commande des cordes était régie par le cerveau sous l'influx des nerfs dits "récurrents" et qu'un timbre léger et clair n'était pas incompatible avec un larynx volumineux, ou inversement ; puis on mit en évidence le rôle de l'oreille : les sujets nés sourds ne parlent pas et la voix reproduit seulement ce que l'oreille entend. Enfin sur les malades qui avaient fait l'objet d'une ablation totale du larynx (par exemple à l'occasion de l'opération d'un cancer) on parvint à reconstituer une voix par une certaine éducation de l'œsophage ou bien par d'autres procédés s'appliquant aux lèvres, à la langue ou aux dents ! Profond mystère de la voix !

Mais les choses se compliquent encore dès que l'on s'intéresse aux chanteurs lyriques. L'opéra, cette invention italienne de la fin du XVIème siècle, a eu pour conséquence la découverte de la voix à grande puissance. Alors que l'antiquité avait cultivé la déclamation théâtrale psalmodique, que le moyen-âge avait pratiqué la fusion des timbres humains au sein des masses chorales, la Renaissance Florentine grâce à des artistes tels que Cavalieri, Caccini et Peri, inaugura le culte du chant monodique. Les chanteurs, devenus solistes, développèrent la force de leurs organes vocaux dans des conditions si considérables qu'ils atteignirent une intensité dont on sait maintenant qu'elle va jusqu'à 130 décibels. Ce fut un résultat fantastique. En effet avec des appareils appelés "sonomètres" qui prennent la mesure des sons, on constate qu'une conversation courante se situe au niveau de 40 décibels, et que le bruit d'une autoroute monte à 90 décibels, et on peut donc vérifier qu'une voix d'opéra à grande puissance (à un mètre), tout comme un réacteur d'avion, développe 130 décibels ! Désormais, le chanteur, par sa voix, va devenir un monstre sonore.

Certes les êtres capables d'extraire de leur gosier une puissance pareille doivent posséder, outre leur technique, une nature hors du commun. Anatomiquement ce sont des "costauds", de véritables athlètes. On compare souvent leur morphologie à celle des haltérophiles : musculature large, cou épais, abdominaux d'acier, grosse tête, etc. Physiologiquement, on classe les chanteurs d'opéra parmi les "hyper-cortico-surrénaliens", ce qui signifie, en d'autres termes, que leur régulation hormonale leur confère l'impétuosité, l'agressivité, le trac, la puissance, l'exhibitionnisme, une puérilité relative, l'hyper-sexualité et, chez les hommes, la précocité de la mue. Le dernier point est à retenir car il est la manifestation d'un mystère supplémentaire. Si les voix des chanteurs du sexe féminin restent inchangées — intensité mise à part — depuis l'enfance jusqu'à la maturité inclusivement,

celles des hommes subissent durant les années de la puberté une métamorphose intégrale. C'est la mue. A 13 ans le garçon dispose encore de son timbre d'enfant strictement semblable par la clarté, la fraîcheur, la tessiture et la hauteur, à la voix de femme. Puis il entre dans une période perturbée pendant laquelle il profère des sons étranges, des cocoricos grotesques, et il doit s'abstenir de chanter. Vers 16/18 ans la mutation se trouvant terminée, l'adolescent extrait un beau jour du cocon de sa chrysalide une voix mâle, plus ou moins grave, mais qui en tous cas a baissé d'une octave. Dorénavant il existera un intervalle de 8 degrés entre sa voix et celle d'une femme. Les ingénieux et cupides Napolitains du XVIIIème siècle n'avaient pas hésité à pratiquer comme une véritable industrie la castration des petits garçons qui leur paraissaient particulièrement doués afin de leur éviter la mue et de leur conserver, la vie durant, leur légèreté et leur transparence argentines. A la France près, l'Europe s'engoua des castrats dont certains devinrent des personnages illustres, familiers des princes et idoles des foules. Mais cette mode barbare tomba en désuétude et le dernier castrat officiel mourut vers 1861.

Donc, la mue accomplie, l'adolescent virilisé, éprouvera l'étonnement de découvrir sa nouvelle voix. Il sera devenu subitement, sans que personne ni aucun signe précurseur n'aient pu l'en prévenir, basse, baryton ou ténor. S'agira-t-il d'une voix d'opéra ? Rien non plus ne l'aura laissé présager et la probabilité que cela soit restera infime. Dans le brassage chromosomique des générations, le sujet nanti de la beauté et de la puissance du timbre est extrêmement rare car il bénéficie d'une combinaison exceptionnelle. Les directeurs des Théâtres Lyriques savent bien que découvrir un nouveau chanteur est aussi difficile que trouver une aiguille dans une meule de foin. L'heureux élu s'intègrera dans l'une des trois catégories principales de voix d'hommes :

— S'il est *basse* il disposera d'un timbre sombre et d'un registre grave et il évoluera entre le fa $_1$ (en bas) et le fa $_3$ (en haut). Au Théâtre on lui confiera les rôles "nobles" — pères, rois, grands prêtres — diaboliques, bouffes, etc.

— S'il est *baryton*, son timbre plus léger

restera néanmoins assez sombre et son étendue vocale partira du la $_1$ pour monter jusqu'au la $_3$. Sur scène il interprètera les emplois de jaloux, de traître, de bafoué, etc... mais il lui arrivera aussi d'incarner des personnages amusants, séduisants, voire certains jeunes premiers.

— S'il est *ténor* il jouira d'une voix claire, faible dans le grave, épanouie dans l'aigu et il en promènera les sonorités entre le do $_2$ et le do $_4$, appelé aussi contre-ut. A quelques exceptions près il jouera toujours le jeune premier, l'amoureux, le héros ...

Ces trois sortes de voix ne se trouvent pas enfermées de façon totalement rigoureuse dans les limites qui viennent d'être décrites et dont le schéma ci-après donne l'illustration par une seule portée écrite en clé de sol afin de rendre commode la comparaison.

C'est de ce mot que l'on définit la texture de la voix, son épaisseur, son grain, sa couleur. Quelques auditeurs privilégiés ont la faculté de percevoir les timbres par une véritable vision, en couleur et en forme. Pour eux il y a passage du système auditif au système visuel : on les appelle synesthètes. Ainsi par exemple pourraient-ils voir le timbre de Georges Thill en blanc tacheté de gris, celui de José Luccioni en sang rouge vif, celui d'Alain Vanzo en velours rouge foncé, celui de Guy Chauvet en jaune or métallique, etc. Il est certain que la voix du ténor est celle qui offre la plus vaste palette de timbres. Ils sont riches, délicats et variés, et leur dénominateur commun est qu'ils expriment la clarté, la juvénilité et le charme. Que l'on écoute seulement en disque un ténor que l'on n'a jamais vu : ne l'imaginera-t-on pas aussitôt sous les traits d'un jeune et sympathique play-boy ? Si le beau timbre est

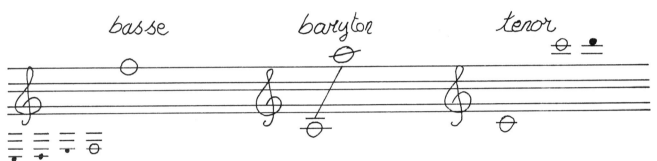

Ainsi certaines basses descendront dans des creux plus profonds que le fa $_1$, certains barytons seront plus à l'aise dans le grave ou dans l'aigu, certains ténors grimperont au-delà du contre-ut, ou inversement. La nature offre la diversité à profusion. Mais en tout état de cause, le ténor demeure le privilégié, l'être "né-coiffé". Il est séduisant, il est conquérant, il est adulé. A quoi cela tient-il ? L'écart des quelques notes que le sépare, dans l'aigu, de ses deux "collègues" pèserait-il si lourd dans la balance ? Oui, assurément. La tessiture du ténor, c'est-à-dire l'échelle vocale sur laquelle il évolue, porte à leur suprême degré de perfection la qualité du timbre, le rayonnement de l'aigu et la souplesse de la voix. De quoi s'agit-il, à la vérité ?

— *Le timbre* : rien de plus subtil ni de plus complexe à exprimer que la notion de timbre.

à la voix ce que le joli teint est à une femme, alors la voix du ténor a un joli teint.

— *Le rayonnement de l'aigu* : L'utilisation par le ténor du registre extrême de l'aigu, la, si, do (contre-ut) — remonte à une époque récente. C'est en 1837 qu'un artiste français importa d'Italie la technique inventée de fraîche date qui permit aux ténors de franchir le "mur du son" [1]. Il se révéla que cette fraction de la voix jusque là inconnue recélait des harmoniques d'où jaillissaient un éclat superbe, un rayonnement vibrant, une explosion sonore qui coupaient le souffle aux auditeurs et qui les grisaient.

---

1. cf. chapitre 4 : le coup de tonnerre de 1837.

Combien d'amateurs d'opéra ne seront-ils pas désormais conditionnés par cette véritable drogue qu'est la quinte aiguë "héroïque" des ténors ? Ne les mettra-t-elle pas en état de jubilation et d'affolement !

— *La souplesse de la voix* : Beaucoup de chanteurs possèdent une deuxième voix, dite "mixte" qui est petite, douce, moelleuse et qui leur permet d'aborder les passages *piano* et pianissimo avec le plus grand bonheur. Mais c'est chez les ténors qu'elle est la plus utilisée — car elle a de surcroit, l'avantage de garder la même couleur que le reste de la voix et qu'elle renforce merveilleusement les effets de charme de leurs timbres clairs. Le grand art du ténor consistera à pratiquer un chant contrasté, et d'alterner, à l'infini, les passages éclatants avec les épisodes suaves.
Quel homme favorisé, quel chanteur comblé, que ce ténor !

Mais la médaille à son revers. Produit le plus élaboré de la technique vocale humaine, le ténor souffre, en contre-partie, d'une extrême fragilité. S'il accède aux états d'intense euphorie sous les ovations du public en délire, il n'en conserve pas moins une épée de Damoclès au-dessus de sa tête. Plus que tout autre chanteur le ténor subit le risque de la défaillance vocale et même de la perte pure et simple de sa voix. Affronter tout au long d'une représentation de trois heures ou plus, les si-bémols et les terribles contre-uts de la quinte aiguë relève toujours de l'exploit. Quel est l'athlète qui, à l'avance, oserait garantir qu'il réussira à accomplir une performance ? Le ténor se trouve logé à cette enseigne là, sachant que le public, implacable, prêt à brûler immédiatement ce qu'il adore, ne lui pardonnera jamais ses défaillances. Quant à la disparition de sa voix, elle est le péril qui le guette comme l'accident l'automobiliste. D'un jour à l'autre le ténor risque d'être amputé du bien le plus précieux que la nature lui ait offert. C'est son idéal, sa source de joie, son capital, son revenu, sa notoriété, son équilibre qui sont alors, à jamais balayés par une bourrasque soudaine qui emporte tout sur son passage et ne restitue rien. On a vu tant de brillants artistes devenir de pauvres hères !

Quelles sont les causes de la perte de la voix ? Il peut s'agir, tout d'abord, de maladies qui lèsent les organes de la phonation ou même le système auditif ; l'on a constaté des cas de surdité professionnelle de certains chanteurs dont l'oreille était détériorée par l'excès de puissance des décibels de leur propre voix comme cela pourrait arriver à des ouvriers travaillant dans un atelier de chaudronnerie ou dans une usine de moteurs à réaction. Mais la raison majeure est autre. Elle tient à deux éléments généralement imbriqués : la méconnaissance de la technique vocale et la prise en charge de rôles trop écrasants. Si l'on a gravi, en 1837, les points culminants de l'aigu précédemment inaccessibles, ce fut grâce à la découverte d'une technique spécifique, dite de la voix sombrée, qui protège l'organe vocal contre les agressions redoutables des sonorités élevées. Un jeune chanteur ignorant de ces problèmes sera capable, pendant quelques années, de chanter d'une manière qu'il croira naturelle mais qui ne sera que l'expression de son inconscience. Rarement franchira-t-il indemne le cap de la quarantaine. Les "voix chères qui se sont tues" foisonnent comme les cadavres jonchent les champs de bataille. Se fiant à leur facilité, grisés par leurs succès, bon bombre de ténors abordent des emplois qui ne conviennent pas à leur voix. Cette attitude, elle non plus, ne pardonne pas. Comme il faut réfléchir, se renseigner, analyser l'exemple fourni par les autres, être attentif aux conseils des vétérans et des spécialistes, avant de choisir le répertoire qui convient exactement à la tessiture de sa voix ! Comme il est prudent, lors des premières années de sa carrière, de se borner à ne chanter que des rôles secondaires et faciles. Il convient de ne jamais brûler les étapes car la maturation de la voix est une longue patience.

On conçoit aisément que la formule à l'emporte-pièce "bête comme un ténor" ne s'applique nullement à ceux qui mènent une carrière durable. Dans le monde des ténors — et des chanteurs d'opéra — on trouve autant d'êtres bêtes ou intelligents que chez les jolies femmes, chez les hommes politiques, ou partout ailleurs. Sans doute le tempérament de l'artiste, en ce qu'il contient de propension à l'exhibitionnisme, ainsi que l'habitude d'être choyé par la foule, favorisent-ils le développement d'un contentement de soi et d'une tendance à l'ostentation qui peuvent donner lieu à l'interprétation péjorative de certains esprits chagrins. Mais comment ignorer les efforts fantastiques de labeur et de maîtrise de soi que le ténor déploie de façon permanente ? Acquisition d'une culture musicale, connaissance de la technique vocale, maîtrise d'une diction impeccable, pratique des langues étrangères, étude de plusieurs dizaines de rôles musicalement et scéniquement, constance à mener une existence équilibrée, tel le champion sportif, excluant les excès, courage à dominer le trac et à affronter les publics les plus exigeants, opiniâtreté à se recycler au travers des bouleversements de la vie sociale et artistique, quelle mine de travail, d'âpreté, de sensibilité, de volonté de puissance et d'humilité ne lui faut-il pas creuser à l'infini ! Si une bonne fée a touché de sa baguette le ténor à l'instant de sa mue, au même moment elle l'a condamné à mériter jour après jour l'insigne faveur dont il a fait l'objet. Il est béni des dieux mais il vit dans le tourment et dans l'effort.

Il existe une idée reçue qui veut que les grands ténors soient nécessairement italiens et qui se trouve renforcée par le terme lui-même, *tenore*, importé d'Italie à la fin du XVIIIᵉ siècle pour remplacer les appellations françaises *haute-contre*, *haute-taille*, et *taille* désormais tombées en désuétude. Et puis à la vérité, qui aurait l'audace d'opposer un rival français à Caruso, ou même de citer, pour la France, des noms d'artistes comparables par leur notoriété à ceux de Tamburini, de Rubini, de Mario, de Tamagno, de Gigli, de Lauri-Volpi, de Pertile ou de Schipa ? Et cependant rien n'est moins fondé que cette attitude-là. En 300 années de pratique de l'opéra la France n'a cessé d'offrir au monde, à chaque génération, son lot de ténors superbes. N'est-ce pas Duprez, et non Rubini, qui a révélé à l'Europe en 1837 la technique de la voix sombrée ? Jean de Reszké, bien que né trop tôt pour faire carrière par le disque, n'étendit-il pas sa renommée plus loin encore que Caruso ?

Georges Thill n'a-t-il pas été choisi par les Italiens eux-mêmes pour créer Turandot aux Arènes de Vérone en 1928 ? La mode, un certain snobisme artistique, enfin le principe qui veut que nul ne soit prophète en son pays, font que l'on entend souvent affirmer de nos jours : "il n'y a plus de ténors français". Suffira-t-il de rappeler que Michel Sénéchal est, invariablement, le ténor de Karajan au Festival de Salzbourg, qu'Alain Vanzo a représenté la France au centenaire de Caruso à Naples, ou que Guy Chauvet fait entendre au Metropolitan de New-York sa voix puissante dans "le Prophète" partition épuisante de 4 h 1/2 qu'il est le seul au monde à chanter ? Depuis 1669 l'Opéra de Paris fourmille en artistes hors de pair. Leur histoire prestigieuse tient du conte de fée ; et cependant elle est rigoureusement véridique.

I
LA GALERIE DES ANCETRES

Veuë du Palais Royal

Le Cardinal de Richelieu construisit le Palais Royal et aménagea une salle de théâtre dans l'aile droite (vue de face). Par la suite Lully y installa l'Académie Royale de Musique.

1

LES TENORS DU ROI SOLEIL

L'OPERA AU BON VIEUX TEMPS DE LULLY

Si un amateur d'opéra parisien pouvait emprunter la machine à remonter dans le temps de Wells et se trouver ainsi transporté dans la capitale à la fin du XVIIe siècle, de quelle suite de stupéfactions ne se trouverait-il pas frappé ! Rien, rigoureusement, ne ressemblerait à son univers familier d'aujourd'hui. Les mutations qui se sont exercées sur l'Opéra de Paris, cette institution apparemment immuable depuis 1669, ont été telles que de nombreuses fois au cours des trois derniers siècles, la salle de théâtre, le répertoire, la façon de chanter, les goûts et les habitudes du public, ont revêtu des formes originales qui ont eu un rayonnement intense puis se sont trouvées balayées et remplacées par de nouvelles pratiques. Aussi, notre homme, plongé dans l'époque de Lully, aux alentours de l'année 1680, passerait-il de surprise en surprise et serait-il obligé de tout réapprendre.

L'Académie Royale de Musique, puisqu'il faut l'appeler par le nom qu'elle portait alors, était logée dans une aile du Palais Royal, à peu près symétrique de l'actuelle Comédie Française mais la façade tournée sur la rue Saint Honoré au niveau où débouche maintenant la rue de

Valois. Jusqu'à l'incendie de 1781, pendant cent années, les générations successives des habitués de l'Opéra ont pris le chemin de la rue Saint Honoré. Ils arrivaient au milieu de l'après-midi car le spectacle commençait à 17 heures et se terminait vers 20 heures 30. Cela leur permettait de rentrer chez eux avant que la nuit ne fût trop noire et d'éviter les agressions si fréquentes dans les rues étroites et mal éclairées de la ville. Ils assistaient à de longues représentations qui comportaient généralement un prologue et cinq actes, et, qu'ils se fussent exhibés aux yeux du public depuis leurs places réservées sur la scène-même près des acteurs, qu'ils eussent profité de l'intimité calfeutrée de leur loge louée à l'année, dotée d'un salon particulier clos par des rideaux, ou enfin qu'ils eussent été pressés, debout, dans ce fameux parterre populaire et insolent, au verdict redouté, dans tous les cas, lors de la période hivernale, ils sortaient de l'Opéra réfrigérés car la salle n'était pas chauffée. L'année se découpait en deux saisons séparées par les fêtes de Pâques, celle d'hiver qui allait des derniers jours d'Octobre jusqu'au Carême et celle d'été qui commençait au mardi de Quasimodo. L'Opéra jouait seulement trois fois par semaine les mardi, jour chic, réservé généralement aux premières, les vendredi et dimanche, ce qui donnait l'occasion à Lully de faire une alternance avec les spectacles de la Cour, la primeur de ses œuvres étant donnée le plus souvent au Roi. L'Académie Royale de Musique faisait sa publicité sur des affiches de couleur jaune exposées à des endroits réservés : mais, ô surprise, il n'y figurait nul renseignement ni sur le compositeur, ni sur le librettiste, ni sur les interprètes ! On pouvait lire seulement le titre de la pièce, ainsi qu'un commentaire vantant la qualité du spectacle et, tout en bas, l'adresse de l'imprimeur chez lequel se vendaient les livrets.

Quant aux œuvres, le mélomane à l'oreille formée par la musique de Gounod, de Verdi ou de Wagner, aurait bien de la peine à y puiser ce qu'il considère maintenant comme les jouissances procédant de l'art lyrique. Il s'agissait alors de tragédies lyriques dont Lully avait composé la musique, dans la plupart des cas sur un poème de Quinault, et où régnait en maître le récitatif. Des vers bien balancés, une langue noble exprimant des sentiments élevés, des acteurs déclamant dans un style mi-chanté, mi-parlé, avec une diction nette, pure et élégante, voilà ce que savouraient avec délices les connaisseurs de l'époque, dans le chatoiement d'un univers mythologique où la magie sonore du génial musicien Florentin créait un univers rendu plus fabuleux encore par des machineries savantes qui multipliaient les changements de décors et les effets saisissants. La mode était à la tragédie, moyen d'expression idéal de la grandeur et de la noblesse et Lully, doté d'un sens exceptionnel de l'opportunité, avait coulé son opéra dans le moule de la tragédie.

Aussi lorsqu'il constitua sa troupe il enseigna aux chanteurs, en premier lieu, l'art de l'articulation du français. C'était d'autant plus utile que nombre de provinces conservaient la pratique de leurs dialectes et que par exemple, les artistes recrutés en Languedoc ignoraient pour la plupart le français de Paris le jour où ils entraient à l'Académie Royale de Musique.

L'une des méthodes les plus célèbres de ce temps, celle de Bénigne de Bacilly, consacrait quelque 200 pages sur 400 à l'étude de l'articulation et faisait la profession de foi suivante :
"Si l'on observe que le chant n'est qu'une décla-

mation plus embellie que la déclamation ordinaire, on comprendra qu'on doit se soumettre au joug de la prosodie française et qu'on ne saurait impunément refuser aux lettres leurs différentes qualités puisque ces dernières sont l'âme des paroles : les langues sont des divinités, tout ce qui a rapport avec elles est sacré."

Certes, les chanteurs ne négligeaient pas de cultiver une technique vocale. Mais celle-ci consistait à apprendre l'art de la respiration, des sons filés et enflés, des cadences, des trilles, des ports de voix, etc. et non pas, comme c'est devenu plus tard la règle, à accroître le volume sonore, la hauteur de l'aigu ou le creux du grave. Le talent se situait dans l'agilité et la légèreté. La notion de puissance et de longueur du registre n'intéressait personne. Les voix étaient essentiellement utilisées dans leur partie centrale. Aussi la distinction entre les différentes catégories de chanteurs restait-elle assez sommaire et correspondait-elle plus à la variété de leurs timbres qu'à des décalages dans leurs échelles vocales.

On ne trouvait guère de dénominations spécifiques pour distinguer les catégories de voix des femmes ; dans les états de la troupe de l'Opéra toutes les chanteuses étaient énumérées à la suite sans classification, sous la simple rubrique "Filles" ou "Demoiselles". En revanche les hommes étaient répartis en trois séries : les basses-tailles, les tailles, et les hautes-contre, ce qui, transposé en langage du XXe siècle signifierait à peu près : basse-taille, basse, taille baryton et haute-contre, ténor. Mais il faut se garder d'accorder trop de crédit à de semblables comparaisons. Sous Lully on s'attachait beaucoup plus à la qualité de la diction et à la noblesse de l'intonation qu'à la hauteur des notes. En 300 ans les critères d'appréciation des voix se sont totalement modifiés. Si l'expression "aller à l'Opéra" a subsisté de façon continue, elle n'a pas recouvert les mêmes concepts au cours des générations. Il est probable qu'un "heldenténor" — ou "ténor wagnérien" — (par ex. : Lauritz Melchior) ou qu'un "tenore di sforza" (par ex. : Mario del Monaco) actuels eussent été considérés comme des "tailles" — voire des basses-tailles — au 17e siècle et qu'à l'inverse un "baryton-martin" (par ex. : Jacques Jansen)

F. Roy, éditeur. — 107.

Imp. Charaire et Cie.

Théâtre de l'Opéra, deuxième salle du Palais-Royal, incendié le 8 juin 1781.

Pendant cent ans, dans deux salles successives, l'Opéra, se trouva implanté rue Saint Honoré.

ou un baryton d'Opéra au timbre clair (par ex. : Michel Dens) se fussent trouvés mis chez les hautes-contre.

LES TENORS DE L'OPERA DE PARIS

Ce serait une erreur de croire que les ténors, dès les origines de l'Opéra de Paris, avaient été les enfants chéris du public. Il n'en fut rien. Chez les hommes la plus grande faveur des mélomanes se portait vers les voix de basse-taille et rien ne parait plus logique puisque le récitatif, base de la tragédie lyrique, se chantait sur une tessiture centrale. A l'inverse les hautes-contre se trouvaient moins mises en valeur car l'écriture musicale qui convenait aux basses ne pouvait guère les favoriser. Mais il y a une autre raison à cela : c'est qu'on ne savait pas, à l'époque de Lully, exploiter entièrement les ressources du registre de ténor dont l'étendue se limitait entre le ré grave et le sol aigu. Parfois il advenait que de rares sujets, extrêmement doués montassent jusqu'au la naturel. Au delà on passait systématiquement en voix de tête. De ce fait nulles

démonstrations d'éclat et de vaillance n'étaient de mise. Le talent des hautes-contre tenait à la clarté de leur timbre, au charme et à la souplesse de leurs inflexions. On ignorait qu'il existât une quinte aiguë recélant de splendides rayonnements sonores. Il ne fallut pas moins de 150 ans pour que pareille découverte se fît ! L'utilisation de l'aigu sera une véritable conquête de l'homme sur la nature grâce à l'invention de mécanismes techniques élaborés. Issue d'une révolution menée dans des circonstances dramatiques elle constituera un épisode capital de l'histoire des ténors. Mais il ne convient pas d'anticiper. Quels furent les ténors célèbres du temps de Louis XIV ?

CLEDIERE

Chronologiquement la première haute-contre de l'Opéra fut Clédière que Pierre Perrin, le fondateur de l'Académie Royale de Musique, et ses associés avaient fait recruter dans une maîtrise en Languedoc en 1671. Lorsque Lully reprit à Perrin le privilège de l'Opéra, il engagea aussitôt Clédière dans la Troupe élargie qu'il rassemblait. Clédière y joua jusqu'en 1680 date à laquelle il la quitta pour entrer dans la Musique du Roi.

19

DUMESNY (DEMESNY ou DUMENIL)

Le grand ténor de ce temps fut assurément Dumesny. Cuisinier chez M. Foucault, il eut la chance, un jour, d'être entendu par Lully qui le tira aussitôt de son état pour le placer dans sa Troupe. Ce fut un conte de fée : L'ancien cuistot devint l'un des hommes les plus à la mode de Paris. Voilà une aventure qui tient du miracle pensera-t-on ! Mais il faut savoir que l'histoire des ténors fourmille de ces conjonctures exceptionnelles où l'on voit un brave homme du peuple se métamorphoser en un brillant sujet de l'Opéra. Il convient de se rappeler que les voix masculines se révèlent seulement après la mue entre .16 et 18 ans et qu'aucun signe précurseur ne peut indiquer si un joli timbre d'enfant se transformera en belle voix d'homme. Un jour, tel ou tel adolescent découvre que son gosier est devenu capable d'émettre des sonorités puissantes et colorées. Si le sort lui est favorable, et que quelqu'un de compétent le remarque il sera canalisé vers l'Opéra. Il appartiendra alors au jeune homme de se recycler entièrement, d'apprendre le difficile métier de chanteur et de mener raisonnablement sa carrière sous peine de perdre sa précieuse voix.

Quand Lully prit en main Dumesny il eut fort à faire pour le mettre en état de paraître sur la scène de l'Académie Royale de Musique. Beau brun, bien fait de sa personne, pourvu d'une physionomie noble, l'ex-cuisinier acquit, avec facilité, d'un maître à danser l'art du maintien et du jeu de scène. Mais pour la musique ce fut une autre affaire. Dumesny n'était pas doué. Jamais il ne réussit à lire une partition. Tout au long de sa carrière il lui fallut un "homme pour lui mettre dans l'oreille, note à note", chacun de ses rôles qu'il s'appliquait à retenir grâce à une excellente mémoire. Malgré ses allures de seigneur, il resta marqué par ses origines et conserva sa vie durant les quelques petits vices qu'il avait contractés aux cuisines. Il était ivrogne. Combien de fois Lully ne dut-il pas sévir contre son ténor qui arrivait en état d'ébriété aux représentations ! De surcroît il avait tendance à la cleptomanie et il subtilisa bijoux et rubans à nombre de ses partenaires. Sa poltronnerie certaine ne l'empêchait nullement de fanfaronner.

De là vint entre autres son aventure avec La Maupin qui fit rire tout l'Opéra. Melle Maupin, chanteuse à l'Académie Royale de Musique menait une existence fort agitée. Elle avait, en particulier, la passion des armes et avait appris l'escrime avec Séranne, prévost de salle. Les duels ne lui faisaient pas peur. Dumesny lui ayant un jour parlé d'une manière insolente et grossière, elle se posta, le soir venu, au coin d'une rue, habillée en homme, une épée à la main. Dumesny passa. Elle le provoqua. Notre ténor, prudent et peureux, refusa le combat. Elle lui administra une volée de coups de bâtons et lui extorqua sa montre et sa tabatière. Le lendemain, à l'Opéra, Dumesny raconta à la cantonade qu'il avait été assailli par une troupe de malfaiteurs qui comptait 5 ou 6 personnes au moins ! "Tu en as menti, répartit alors La Maupin ; c'est moi seule qui t'ai battu ! Voici ta tabatière et ta montre !". Dumesny aimait beaucoup l'argent. Lorsque l'Opéra fermait ses portes au moment des vacances, il s'embarquait aussitôt pour l'Angleterre où il allait chanter afin de gagner des cachets ! Quels qu'eussent été ses défauts, il n'en fut pas moins l'un des acteurs les plus populaires de son temps. Il débuta en 1677, puis succéda à Clédière. Pendant sa carrière longue de 27 ans, sa superbe voix de haute-contre — on la qualifiait très exactement de haute-taille car elle était particulièrement large et sonore — fit que le public lui pardonna tout et jouit d'un plaisir intense chaque fois qu'il l'entendit. Ceci est un aspect de la magie créée par le grand chanteur. Dès qu'un véritable artiste commence à chanter quelques mesures, il exerce un pouvoir d'ensorcellement sur son auditoire ! Le personnage laid, vulgaire ou antipathique qu'il est peut-être dans la vie courante, se métamorphose aussitôt en celui d'un héros noble, pur et beau ! Dumesny fut le grand ténor de Lully.

— CHOPELET

Il débuta à l'Opéra, du temps de Lully, comme danseur. Mais on remarqua sa belle voix et on lui conseilla fort de chanter. Il apprit la musique, fit ses débuts, doubla Dumesny et même lui succéda dans les premiers rôles. Malheureusement il perdit sa voix et dut alors se contenter d'emplois secondaires. C'était un homme petit mais son visage long était éclairé par de beaux yeux. Son talent de chanteur s'exprimait par beaucoup de grâce.

— POUSSIN

Il entra dans les chœurs en 1695. Bel homme, bon acteur, il fut chargé bientôt des premiers rôles dont il s'acquitta aux applaudisse-

ments du public. La plus brillante carrière lui était promise, mais il mourut prématurément, frappé d'apoplexie.

— BOUTELOU

Contemporain de Chopelet, il tint essentiellement les rôles comiques. Le roi Louis XIV qui l'avait pris en affection, le protégea durant toute sa carrière, allant plusieurs fois jusqu'à le sortir de prison !

INCENDIE DE L'OPÉRA LE 8 JUIN 1781.

2

LA TRADITION DE LA TRAGEDIE LYRIQUE ET LA REVOLUTION GLUCKIENNE

DE LULLY A RAMEAU

Lully mourut en 1687 mais son œuvre lui survécut pendant un siècle ou presque. Jusqu'en 1774 la tragédie lyrique inventée par le génial "Baptiste" fut le cheval de bataille du répertoire de l'Opéra de Paris. Certes des formes nouvelles apparurent telles que les ballets, les opéras-ballets ou les pastorales héroïques, destinées à donner au public, avec leurs danses et leurs tableaux champêtres, des divertissements plus faciles. Il n'en resta pas moins que le parti des Lullystes qui puisait son plaisir dans le fameux récitatif, base de la tragédie lyrique classique, régenta la salle de l'Académie Royale de Musique jusqu'à l'arrivée de Gluck à Paris. C'est dire que le style du chant d'opéra continua à s'exercer essentiellement par la noble déclamation des vers, la diction pure et l'articulation nette.

Rameau, à qui l'Opéra ouvrit enfin ses portes en 1733, fit un magistral renouvellement du répertoire français. Malgré sa forte originalité et sa puissance créative, il comprit que, pour convaincre le public, il fallait se rattacher à la tradition de Lully. Après l'accueil mitigé d'Hip-

polyte et Aricie par les Lullystes qui déclarèrent sa musique trop savante et traitèrent avec mépris ses partisans du nom de "ramoneurs", il ne crut pas inopportun de faire une profession de foi et de déclarer qu'il cultivait la tragédie "toujours occupé de la belle déclamation et du beau tour de chant qui règnent dans les récitatifs du grand Lully". Si l'arrivée de Rameau ne suscita donc pas de changements notables dans la façon de chanter, elle n'en posa pas moins de nouvelles et sérieuses exigences aux artistes. L'importance donnée à la masse orchestrale réclama des voix plus puissantes. La science musicale déployée par le compositeur augmenta la difficulté d'apprendre pour les interprètes. Enfin tout en maintenant une place éminente au récitatif qu'il dota d'un soubassement harmonique substantiel, Rameau multiplia dans ses partitions des airs, écrits à la française ou à l'italienne, comportant nombre d'inflexions, de tenues et de vocalises d'une exécution souvent périlleuse et exigeant des efforts vocaux soutenus.

Au demeurant Rameau vantait les méthodes italiennes du chant qui permettaient de "tirer de la voix les plus beaux sons dont elle est capable dans son étendue". C'est à l'époque de Rameau que Jélyotte le ténor le plus apprécié de tout l'Ancien Régime, conquit sa gloire. Avant lui l'Académie Royale de Musique avait compté parmi ses pensionnaires plusieurs hautes-contre célèbres qui avaient succédé à la génération des artistes de Lully.

MURAIRE

Né à Avignon, il entra à l'Opéra de Paris en 1715. Il débuta dans de petits rôles mais il devint en peu de temps le premier chanteur de son genre. Personne, aux dires de ses contemporains n'avait la voix plus étendue et plus sonore. Il joignait à ce don une grande science de la musique. Il quitta le théâtre en 1727 et se retira en Avignon "en grande dévotion".

Denis-François TRIBOU

Il faut lui laisser le mérite d'avoir été le créateur de bon nombre d'ouvrages de Rameau et notamment d'"Hippolyte et Aricie" 1733). Jélyotte se contentait alors de participer à des rôles secondaires et il n'accéda réellement à la première place que lorsque Tribou, vieux et fatigué, la lui céda en 1738. Il avait débuté à l'Académie Royale de Musique en 1721. Cet épicurien fut aimé, dit-on, à la fois par Melle Lecouvreur et par une grande dame, la seconde ayant cherché à empoisonner la première pour assouvir sa jalousie. Cultivé et lettré, il sut un jour avec adresse présenter au Régent un placet en vers qu'il déclama, chanta et dansa ! Il fut pourvu de la charge de théorbe du Roi. Il se retira en 1741 avec 1.500 livres de retraite. Il mourut en 1761.

Pierre de JELYOTTE — 1713-1797

Il naquit le 13 Avril 1713 à Lasseube, dans les Basses Pyrénées, où son père exerçait le commerce de marchand de laines. Destiné par sa famille à l'état ecclésiastique, il fut d'abord enfant de chœur, puis passa trois années au séminaire. C'est là qu'il apprit les premiers éléments de la musique et qu'il acquit une instruction littéraire. Il entra ensuite dans une maîtrise à Toulouse où on lui enseigna, outre le chant, le clavecin, la guitare et même la composition. Il s'y cultiva jusqu'en 1733, époque à laquelle le Prince de Carignan, ayant entendu vanter sa belle voix, le fit venir à Paris. Adopté par l'Opéra dès la première audition, Jélyotte débuta au Concert Spirituel des Tuileries pendant la quinzaine de Pâques. Dès Juin, il se produisit sur la scène de l'Académie Royale de Musique où il se fit remarquer bien qu'il n'y jouât que des rôles secondaires comme ce fut le cas à la création d'Hippolyte et Aricie de Rameau. En décembre la Cour l'applaudit à Fontainebleau. En moins d'un an il avait déjà fait les délices de tout Paris. Jélyotte, fin musicien, ne tarda pas à avoir de nombreux élèves et noua de fort belles relations dans la haute société et même à la Cour. Ne donna-t-il pas des leçons de chant et de clavecin à Melle Poisson, future Marquise de Pompadour, qui d'ailleurs se souvint de lui, plus tard ! On le vit régulièrement au concert de la Reine ainsi qu'aux "voyages" de Fontainebleau. Il chanta souvent à la Cour, à Versailles, à Marly, à Compiègne.

C'est vers 1739 que commença la partie la plus brillante de sa carrière. Au fur et à mesure que Tribou abandonnait les grands rôles du répertoire Jélyotte se les appropriait, de même qu'il créait à la Cour comme à la Ville les premiers emplois des ouvrages nouveaux. C'est dire qu'il joua tout le vieux répertoire de Lully remis à la scène concurremment avec les œuvres nouvelles de Rameau. Partout il triompha. Pendant 15 ans il fut sans rival à l'Académie de Musique ainsi qu'à la Musique du Roi. Le public l'idolâtra. *"On tressaillait de joie dès qu'il paraissait sur la scène ; on l'écoutait avec l'ivresse du plaisir. Sa voix était la plus rare qu'on eut entendue, soit par le volume et la plénitude des sons, soit par l'éclat perçant de son timbre argentin. Il n'était ni beau ni bien fait, mais pour s'embellir il n'avait qu'à chanter ; on eut dit qu'il charmait les yeux en même temps que les oreilles. Les jeunes femmes en étaient folles...".*

Marmontel

24

Ses bonnes fortunes auprès des dames ne se comptaient plus et il était renommé pour sa discrétion !

Sa rupture avec Mme de La Vallière fut célèbre à Paris. Le Duc de La Vallière lui tint les propos suivants : "Quoique vous ne soyez plus désormais ami de ma femme, je veux que vous n'en soyez pas moins des miens. Nous vous aurons quelquefois à souper !". Mme de Pompadour qui cherchait à divertir le Roi tombé dans une profonde mélancolie, faisait souvent appeler Jélyotte ; elle chantait avec lui et entrainait Louis XV à leur donner la réplique... et c'étaient la plupart du temps des fausses notes, tellement fausses que le Roi lui-même en éclatait de rire. Alors, ravie, Mme de Pompadour s'exclamait : "Le Roi rit ! la France est heureuse grâce à vous, Jélyotte !".

Malgré sa place à la Cour, Jélyotte ne négligeait pas l'Opéra. Outre le répertoire courant il assumait, chaque année, 4 ou 5 rôles nouveaux et importants. C'est lui qui créa Colin dans le Devin du Village en 1752, à Fontainebleau aux côtés de Marie Fel. Quand il parla de prendre sa retraite en 1753 on ouvrit une souscription dont on retira 48.000 livres qu'on lui donna contre la promesse qu'il resterait encore deux ans ! Il ne quitta donc l'Opéra qu'en 1755, avec 6.000 livres de pension, chiffre considérable pour l'époque. Pendant 10 ans encore il assura son service à la Cour à Versailles ou à Fontainebleau. Il cessa de chanter en 1765 et vécut alors soit à Paris soit dans son pays natal. Il fut l'un des fidèles du Duc de Choiseul et fréquenta Chanteloup. On lui avait accordé la charge de maître de guitare dans la musique du roi. Il avait composé en 1746 la musique d'une comédie-ballet, Zélisca, d'une honnête moyenne. Il mourut en 1797. Telle fut la carrière de cet homme "doux complaisant et aimable, accueilli et désiré partout" qui devait rester le plus merveilleux ténor français du XVIIIe siècle.

Il convient de citer encore pour cette période :

Bérard (1736-1745) auteur d'une célèbre méthode de chant dédiée à Mme de Pompadour,
La Tour (1740-1756)
Poirier (1745-1759)

Jélyotte fut le plus grand ténor français de l'ancien régime.

LES TENORS DE GLUCK

En 1774 l'allemand Gluck déclencha son offensive parisienne destinée à réformer l'opéra français. Coup sur coup, le 19 avril avec Iphigénie en Aulide, puis le 2 août avec Orphée, il gagna des batailles décisives. Jamais l'Opéra n'avait produit de plus fortes recettes ; le théâtre était assiégé dès le matin des représentations ; la mode même s'en emparait et l'on voyait des "coiffures à la Iphigénie"... La tragédie traditionnelle entrait en agonie, frappée de coups mortels. Cette forme d'expression dramatique, qui avait été l'originalité et la fierté de la France durant un siècle, et qui avait paru indissociable de l'Opéra de Paris à tant de générations d'amateurs, se trouvait définitivement condamnée. Dans l'histoire de la musique Lully avait duré 100 ans et Rameau 40 ans !

En quoi consista la révolution gluckienne ? Le maître allemand avait acquis une vaste expérience et il rêvait de réaliser une fusion entre l'opéra italien et l'opéra français. Aussi paradoxal que cela puisse paraitre, il affichait une grande admiration à l'égard de Lully dont il louait la noble simplicité, le chant rapproché de la nature et les intentions dramatiques ; mais il voulait développer et élargir ce style. Dans la musique italienne il réprouvait le "recitativo secco" et se proposait de le transformer en récits brefs qu'il bornait à l'essentiel et qu'il reliait naturellement aux airs. Il décidait de dépouiller les partitions de tous les abus vocaux qui défiguraient l'opéra italien par "la complaisance exagérée des maîtres qui entretenaient la vanité des chanteurs".

Son objectif consistait à introduire dans la pureté poétique française les accents édulcorés de la mélodie italienne et à créer une ligne de chant continue, débarrassée des coupures artificielles que la succession des récitatifs et des airs apportait à l'intensité dramatique. Le style du chant s'en trouva profondément modifié. A

Legros créa, à Paris, Orphée ainsi que tous les ouvrages français de Gluck.

l'art de la juste déclamation des vers on substitua celui de l'expression harmonieuse des mélodies. Le ténor prit une place éminente au sein des distributions. A partir d'Orphée la basse-taille lui céda le pas. Mais il dut payer sa suprématie nouvelle par l'usage d'un registre tendu vers l'aigu. Le nouveau problème des hautes-contre fut d'avoir à pratiquer une tessiture élevée et à accéder souvent à des notes hautes, comme le la, voire le si-bémol. L'Académie Royale de Musique, depuis la retraite de Jélyotte, avait cherché en vain, pendant des années, un remplaçant digne de ce grand artiste. La chance voulut qu'enfin, en 1764, elle put recruter, en la personne de Le Gros, le ténor capable de répondre aux exigences des opéras de Gluck.

— Joseph LE GROS

On est même en droit de dire que Gluck trouva en lui l'interprète idéal sur tous les plans. Pendant les répétitions d'Orphée il le tyrannisa littéralement. Ainsi voulait-il que dans la première scène Le Gros *criât* ses exclamations "Eurydice ! Eurydice !" au lieu de les chanter. "C'est inconcevable Monsieur, lui reprochait Gluck : vous criez toujours quand vous devez chanter et quand une seule fois il est question de crier vous n'en pouvez venir à bout ! Criez au moment indiqué avec de la douleur comme si on vous coupait une jambe ; et, si vous le pouvez, rendez cette douleur intérieure et morale et partant du cœur !". Le Gros recommença, de bonne grâce, autant de fois que Gluck le voulut pour se montrer enfin satisfait. Cet effet fut d'ailleurs très remarqué par le public : "Ce cri isolé, coupant, comme étranger à la musique, à la douce et belle harmonie du chœur toucha l'âme la moins sensible". Le Gros remporta un triomphe dans cette très difficile partition. Le rôle avait été écrit initialement pour une voix de castrat et on avait dû l'abaisser d'une quarte pour l'adapter au registre du ténor : mais quelle tessiture, encore très élevée, l'interprète n'avait-il pas à soutenir !

Le Gros était né en 1739. Il avait acquis sa formation musicale dans une maîtrise. Rebel et Francœur, directeurs de l'Opéra, l'avaient remarqué à la Cathédrale de Laon et l'avaient engagé en 1764. Il chanta les ouvrages de Lully et de Rameau, déployant des qualités que l'on n'avait plus entendues depuis Jélyotte. Bien qu'il n'eût pas le goût exquis de ce dernier, il produisait grande impression par sa voix bien timbrée, flexible et légère. Si certains lui reprochèrent "de n'avoir pas les hauts de la voix aussi beaux que le reste", avaient-ils bien conscience des efforts exceptionnels que la musique de Gluck exigeait pour la première fois d'un ténor ? Il créa les six œuvres françaises de ce compositeur : Iphigénie en Aulide (1774), Orphée (1774), Alceste (1776), — où il fut admirable dans le rôle d'Admète — Armide (1777), Iphigénie en Tauride (1779), Echo et Narcisse (1779), étant ainsi l'un des instruments principaux de la révolution qui toucha l'art lyrique à la fin du 18ème siècle. De la même façon il chanta les ouvrages nouveaux qui vinrent s'y ajouter et donner une allure définitivement différente au répertoire de l'Académie Royale de Musique : Atys de Piccinni, Renaud de Sacchini, Thésée de Gossec, Persée de Philidor, Andromaque de Grétry etc...

Au bout de 19 ans de carrière, cet homme à la figure agréable et à la stature théâtrale avait passablement vieilli. Papillon de la Ferté, le célèbre Intendant des Menus Plaisirs, proposa sa retraite, aux motifs suivants : "Il est actuellement très sujet à des rhumes et enrouements. Sa taille trop épaisse ne peut plus plaire au public surtout lorsqu'il est dans le cas de jouer un jeune rôle amoureux vis à vis d'un père qui, de fait, a 20 ans de moins que lui. Enfin, parce qu'il a une "descente" dont il est obligé de s'occuper même en étant en scène." C'est ainsi qu'en 1783 Le Gros se retira de l'Opéra avec 2.000 livres de retraite. Par ailleurs le Roi lui accorda 2.000 livres de pension en sa qualité de musicien ordinaire de la Chambre. Parmi ses nombreuses activités, il dirigea le Concert Spirituel de 1777 à 1791 et récrit, en collaboration, la musique de deux opéras. Il mourut en 1793.

— LAINEZ (ou LAINÉ)

Lully avait remarqué la belle voix de Dumesny dans la cuisine de M. Foucault. Berton, direc-

COSTUME DE M.ᴿ LAINEZ
Rôle de Dardanus.

Lainez, simple crieur de laitue, découvert par le directeur de l'Opéra prit la succession de Legros.

teur de l'Opéra, entendit un jour de 1770 un homme qui, dans la rue, faisait la criée de la laitue sur un timbre de ténor admirable. Il s'appelait Lainez. Sur-le-champ il lui proposa un engagement pour l'Opéra. Il le mit tout d'abord à l'Ecole de Chant et de Déclamation et c'est seulement en 1773 qu'il le fit débuter : Lainez commença par doubler Le Gros puis le remplaça après sa retraite. Dans "l'état des sujets du chant de l'Académie Royale de Musique" dressé par Papillon de la Ferté en 1783, on trouve sur Lainez l'appréciation suivante : "Bon sujet, plein de zèle et d'ardeur pour son état ; si la nature lui a refusé une belle voix on en est bien dédommagé par son intelligence et son talent comme acteur. Il est très intéressé, par conséquent inquiet et difficile à conduire ; les traitements particuliers des autres lui donnent beaucoup d'humeur." Sur un autre état établi par Dauvergne, directeur de l'Opéra, en 1788, le jugement sur le chanteur devient plus sévère : "Cet homme est d'un caractère très violent, s'emportant pour la moindre chose ; alors il se dit malade et cesse son service sans raison. Cela est d'autant plus fâcheux qu'avec sa mauvaise voix il fait le plus grand plaisir comme acteur lorsqu'il est placé dans des rôles qui lui conviennent. Il doit beaucoup (d'argent) parce qu'il joue gros jeu." Si grands que fussent les défauts de Lainez, il parcourut cependant une longue et solide carrière sur la scène de l'Opéra et servit le répertoire une quarantaine d'années. Il reprit tous les rôles de Le Gros et fit de nombreuses créations et notamment : Rodrigue dans Chimène de Sacchini (1784), Polynice dans Oedipe à Colone de Sacchini (1787), Licinius dans la Vestale de Spontini (1807)...

— ROUSSEAU

Il fit toutes ses études littéraires et musicales à la maîtrise de la Cathédrale de Soissons, sa ville natale. Il en sortit à l'âge de 17 ans et débuta avec un tel éclat au théâtre de Reims qu'il fut bientôt signalé aux directeurs de l'Opéra. C'est ainsi qu'à 19 ans à peine, en 1779, Rousseau fut engagé à l'Académie Royale de Musique. Le succès qu'il remporta aussitôt le fit admettre comme doublure de Le Gros. A la retraite de celui-ci, il partagea les premiers rôles avec Lainez, tenant de préférence ceux qui, comme Orphée, Renaud ou Atys, exigeaient un organe assez souple. Bon musicien, doté d'une voix charmante de ténor aigu, sympathique et exerçant son métier avec application, Rousseau fut très apprécié. Il mourut prématurément en 1800 à l'âge de 39 ans, d'une "maladie de langueur".

3

LE RATTACHEMENT AU PASSE

DE LA REVOLUTION A L'ARRIVEE DE ROSSINI

De 1789 à 1826 il s'écoula une période d'immobilisme dans la musique lyrique française. Il est évident que les perturbations de la Révolution et les guerres de l'Empire n'étaient pas de nature à favoriser l'épanouissement des Beaux-Arts ni à encourager les jeunes à rechercher la gloire sur les planches des théâtres. Par ailleurs il faut garder présent à l'esprit que le génial Gluck puis Piccinni, Sacchini, Grétry, Salieri, etc..., avaient balayé toutes les traditions de la tragédie lyrique d'antan et venaient de constituer pour l'opéra un répertoire entièrement nouveau. Si l'on excepte les "épisodes civiques", les "sans-culottides" ou les autres "faits historiques" sans lendemain, ce sont les oeuvres de ces compositeurs qui représentèrent la base des spectacles joués par l'Opéra. Et si l'on a la curiosité de regarder ce que les affiches proposaient au public pendant ce demi-siècle, on peut dresser le tableau schématique suivant :

Titre	Compositeur	Date de création	Joué jusqu'en	Total des Représentations
Iphigénie en Aulide	Gluck	1774	1824	428
Orphée	Gluck	1774	1833	297
Alceste	Gluck	1776	1866	313
Armide	Gluck	1777	1831	337
La chercheuse d'esprit	Gardel	1778	1816	188
Iphigénie en Tauride	Gluck	1779	1829	408
Colinette à la Cour	Grétry	1782	1815	115
Renaud	Sacchini	1783	1815	156
Didon	Piccinni	1783	1826	250
La Caravane du Caire	Grétry	1784	1828	506
Les Danaïdes	Salieri	1784	1828	127
Panurge	Grétry	1785	1824	248
Oedipe à Colone	Sacchini	1787	1844	583
Tarare	Salieri	1787	1826	131
Arvire et Evelina	Sacchini	1788	1820	101

Durant cette période, les artistes menèrent des existences assez agitées en raison des évènements politiques ; ils risquèrent parfois l'échafaud : Lainez ne fut-il pas contraint d'enfiler le costume de sans-culotte, de coiffer le bonnet phrygien et d'entonner la Marseillaise ? Ils éprouvèrent pendant leur carrière de nombreuses préoccupations d'ordre matériel. De plus ils durent changer de Salle plusieurs fois après l'incendie du Palais Royal en 1781. On les installa provisoirement dans le petit local des Menus-Plaisirs, rue Bergère, ce contre quoi ils protestèrent violemment : Le Gros n'accepta d'y chanter que sous la menace d'un emprisonnement au For-l'Evèque !

Puis on les transporta dans la Salle de la Porte Saint Martin bâtie en quelques semaines par l'architecte Lenoir qui réalisait là une fructueuse spéculation immobilière. Ensuite en 1794 on les implanta rue de Richelieu à l'emplacement actuel du square de Louvois dans un théâtre moderne construit par Melle de Montansier. Ils y restèrent jusqu'à l'assassinat du Duc de Berry en 1820, date à laquelle cet édifice fut rasé, et ils se fixèrent enfin en 1821 pour de longues années dans la Salle de la rue Le Peletier qui devint ainsi le berceau de l'opéra romantique français.

LAYS.
Ancien Artiste de l'Académie Royale de Musique
Rôle d'Aristippe dans Aristippe.

Ténor ou baryton ? Pendant 43 ans Lays chanta tout le répertoire de l'Opéra.

Le style du chant ne se modifia guère et les rares chefs-d'œuvre nouveaux tels que La Vestale de Spontini (1807), Fernand Cortez de Spontini (1809) ou les Abencérages de Cherubini (1813), ne présentèrent pas de problèmes particuliers pour les ténors. Il est à noter que, dorénavant, on pourra appeler ces chanteurs du nom de "ténor", puisé dans le vocabulaire italien car les dénominations spécifiquement françaises de l'Ancien Régime, "haute-contre" et "haute-taille" étaient tombées en désuétude.

La Troupe de l'Opéra conserva pour un temps ses sujets d'avant la Révolution : Rousseau jusqu'en 1800, Lainez jusqu'en 1812 — à quoi il convient d'ajouter sa réapparition en 1816 — Lays jusqu'en 1823.

— LAYS

Ce chanteur mérite d'être mentionné à part car on ne peut pas définir avec exactitude quelle fut sa voix : ténor grave ? baryton ? basse-taille ? On le trouve cité, suivant les sources, sous les trois rubriques différentes. En août 1781, Lays, qui avait été incarcéré au For l'Evêque pour avoir voulu s'enfuir hors de France afin de ne pas chanter au Théâtre des Menus-Plaisirs, fut sorti spécialement de prison pour doubler le ténor Le Gros dans Echo et Narcisse. Il obtint un tel succès qu'on lui pardonna tous ses torts. En 1788, on le voit énuméré parmi les basses-taille dans l'état des sujets du chant de l'Opéra. En 1807, lors de la création de la Vestale de Spontini, il assura le rôle de baryton de Cinna. Sa voix avait-elle évolué vers le grave ? Disposait-il d'une longueur de registre exceptionnelle ? Les deux hypothèses sont plausibles. L'histoire ne manque pas de ténors qui devinrent barytons — ou inversement — ou bien encore de phénomènes vocaux capables d'aborder les tessitures les plus éloignées.

Qu'elle qu'ait été sa voix il resta l'un des piliers de la Troupe pendant une carrière longue de 43 ans. Né en Gascogne, élevé dans un monastère où il avait reçu une instruction musicale déjà solide, il s'était destiné d'abord à l'état ecclésiastique puis à la magistrature. Il étudiait le droit à Bordeaux lorsque sa belle voix le fit remarquer : il fut appelé à l'Opéra de Paris pour une audition. On l'engagea. C'était en 1779 et il avait 21 ans. Il s'appelait réellement Lay, mais une fois installé à Paris, pour éviter la consonance fâcheuse, il adjoignit à son nom un s final de sorte qu'on l'appela Lays ou Laïs. Comme la plupart des sujets de l'Académie de Musique à cette époque, il manifesta un esprit très frondeur et donna du fil à retordre aux directeurs de l'Opéra qui ne le jugèrent pas toujours avec aménité. "Cet homme qui est très bon dans les rôles comiques a la vanité de croire qu'il est fort bon dans les rôles nobles, écrivait Dauvergne ; mais le public le met à la place qui lui convient ; il est noyé de dettes, comme le sont presque tous les premiers sujets, par le luxe et par le jeu." Il conserva toute la beauté de sa voix jusqu'à un âge avancé et ne quitta le théâtre qu'à 64 ans. Il mourut en 1831.

— Louis NOURRIT

C'est à Louis Nourrit qu'il appartenait d'infuser le sang nouveau de la jeune génération du 19ème siècle à la troupe des ténors de l'Opéra. Si son nom est resté l'un des plus glorieux parmi ceux des chanteurs français, il le dut pour une part certaine à son talent ; mais il en est surtout redevable à son fils Adolphe, dont la carrière brillante et pathétique a constitué un épisode capital de l'histoire de l'art lyrique. Il y eut une véritable dynastie des Nourrit. L'un et l'autre ténors, ils régnèrent tour à tour en maîtres incontestés sur la scène de l'Académie de Musique. Louis Nourrit était né à Montpellier en 1780. Fils de négociant, il se destinait lui-même au commerce. Mais ayant été enfant de chœur, puis ayant pratiqué le chant dans une Collégiale, il fut sélectionné par un envoyé du Conservatoire qui recherchait des belles voix dans le Midi. Il ne faut pas manquer de souligner d'ailleurs que les grands ténors de l'Ancien Régime, à quelques exceptions près tels Dumesny ou Lainez, gens du peuple découverts par hasard, furent tous recrutés dans des maîtrises. L'Eglise a été le grand pourvoyeur en voix de l'Opéra. La Révolution a décrété la suppression des maîtrises ; elle a institué le Conservatoire, organisme spécialisé destiné à se substituer à elles. Mais longtemps

Académie R.le de Musique M.r LA VIGNE Rôle de Tancrède

Le ténor Lavigne fut pendant quelques années le rival de Louis Nourrit (le père).

encore, les écoles et les chorales religieuses, qui avaient l'irremplaçable mérite de trouver et de former les jeunes sujets dès leur enfance, furent les plus précieux auxiliaires de l'Organisation d'Etat.

En 1802, Louis Nourrit entra au Conservatoire en qualité d'interne et devint l'élève de Guichard, puis surtout de Garat. Il ne pouvait rêver de meilleur professeur que Garat ! Ce chanteur aristocrate, familier de la Cour, habile praticien de l'école italienne, avait tenu sous le charme de sa voix petite, mais exceptionnellement belle, le Comte d'Artois puis Bonaparte, premier Consul, et il avait fait les délices des salons parisiens où il était écouté avec ferveur. Au Conservatoire, Garat enseigna à Louis

Nourrit la noblesse de la diction française et les arabesques du Bel Canto italien. Quand Nourrit débuta à l'Opéra en 1805 dans Roland d'Armide son succès fut très grand : comme la pureté de sa prononciation changeait des cris dramatiques de Lainez ! En 1812, ce dernier quitta le théâtre et Nourrit fut aussitôt promu premier ténor. In comparable Orphée, il brilla aussi dans la Caravane du Caire, le Devin du Village, Aladin, et marqua le rôle de Licinius de la Vestale et celui de Fernand Cortez par la beauté de sa diction, par le juste sentiment qu'il donnait aux paroles et par la noblesse de son jeu. En 1817, le ténor Lavigne qui lui avait fait quelque concurrence se retira. Alors Louis Nourrit devint le numéro un incontesté de l'Opéra jusqu'au jour où contrairement à toutes les prévisions... son fils Adolphe le rejoignit sur la même scène !

ADOLPHE NOURRIT ET LE REPERTOIRE ROMANTIQUE AVANT DUPREZ

Lorsqu'il avait eu ce fils, à Montpellier en 1802, Louis Nourrit s'était bien promis de lui assurer un avenir serein et solide et de tout faire pour qu'il ne s'engageât pas dans le métier d'artiste qui ne donnait pas la tranquillité d'esprit ni la fortune. Il le dirigea sur des études de commerce jusqu'à l'âge de 16 ans puis lui trouva une place chez MM. Mathias frères, négociants, où il tint les livres. Par la suite, il le fit entrer dans une importante Compagnie d'assurances : Adolphe montra de grandes aptitudes pour la comptabilité ! Sa vie se trouvait ainsi parfaitement organisée ... Mais le démon du théâtre lyrique se tenait en embuscade ! Comment un ténor de l'opéra eût-il pu éviter que son fils ne prît des leçons de musique et n'eût des dispositions pour le violon et même pour l'harmonie ? Comment empêcher qu'un jour, le célèbre Garcia, en visite chez les Nourrit n'entendit par hasard Adolphe qui chantait dans sa chambre ? Garcia ténor réputé et professeur compétent, avait l'oreille fort bien exercée et il discerna aussitôt les qualités exceptionnelles de cette voix. Il se tourna vers le père : "Ce serait un crime de contrarier de pareilles dispositions ! Je vais lui donner des leçons et j'en ferai un grand artiste !" Adolphe Nourrit ne demandait que cela. Il fit le siège de

son père et celui-ci finit par céder, à regret, comme s'il eut pressenti le drame poignant qui résulterait plus tard de cela.

Adolphe Nourrit se mit donc à l'école de Garcia aux côtés des deux enfants du Maître, Maria, la future Malibran, et Manuel, qui inventera le laryngoscope et composera une célèbre méthode de chant. Une amitié fraternelle liera les trois jeunes chanteurs. Pendant 18 mois Garcia fit travailler Nourrit exclusivement sur des exercices ! De son côté, son père l'incita à cultiver la déclamation : il suivit assidûment des cours, prenant pour modèle le grand tragédien Talma. Enfin son père, encore, lui transmit le pur style français ainsi que la technique de l'agilité italienne qu'il tenait de Garat. On ne saurait imaginer de formation plus complète. Il héritait de toutes les traditions authentiques du 18ᵐᵉ

Après la retraite de son père, Adolphe Nourrit régna sur l'Opéra de Paris.

siècle. En 1821, à moins de 20 ans Adolphe Nourrit était fin prêt pour entrer à l'Opéra. Au début, il servit de doublure, puis il aborda peu à peu les rôles de son père : Iphigénie en Tauride, les Danaïdes, Tarare, Armide, Oedipe à Colone ...

En 1824 on monta pour lui une reprise d'Orphée de Gluck. La même année on le promut premier sujet de l'Opéra. Quelle conjoncture à la fois rare, curieuse et sympathique que de voir le père et le fils, sur la scène de l'Opéra ! Ils se ressemblaient étrangement et bien souvent on les confondait : même timbre, même diction, même style, même noblesse de jeu, rien ne manquait à ce mimétisme troublant dont les spectateurs s'émerveillèrent jusqu'à la retraite du père en 1826.

Dès lors Adolphe Nourrit exercera sa suprématie et chacune des nombreuses créations qu'il fera confirmera son talent inégalable. Car l'année 1826 ouvrit une ère d'intense bouillonnement et de renouveau pour l'Opéra de Paris. C'est Rossini qui donna le coup d'envoi avec Le Siège de Corinthe. Le brillant maestro voulait recevoir à Paris la confirmation de la célébrité qu'il avait conquise lors de ses tournées italiennes que Stendhal a racontées avec tant de saveur. Il n'y manqua pas. Un demi-siècle après Gluck, un compositeur étranger conquit triomphalement l'audience des Français et changea de fond en comble le répertoire lyrique traditionnel. Le Siège de Corinthe fut joué avec les deux Nourrit. L'année suivante Adolphe Nourrit, seul cette fois, mena au succès la représentation de Moïse, à la fin de laquelle, avec son camarade Dabadie, il entraîna Rossini sur la scène pour recevoir les ovations chaleureuses du public. En 1828 Rossini composa le Comte Ory directement sur un livret français. Nourrit y fit apprécier la finesse et la légèreté d'un style belcantiste dont son père lui avait enseigné les secrets. L'année 1829, marqua, avec Guillaume Tell, une véritable révolution au sein de cette évolution fulgurante car cet ouvrage fut le prototype du grand opéra romantique ; il produisit une très vive impression sur le public et fut considéré pendant un an de suite à l'Opéra, comme l'évènement lyrique essentiel de l'époque. En 1831 Rossini était à l'apogée de sa gloire et pourtant

avait renoncé à composer. L'Opéra jouissait d'une grande prospérité, très habilement exploitée par le Docteur Véron, directeur-entrepreneur. Les chefs-d'œuvre d'Auber, la Muette de Portici (1828), le Philtre (1831) ainsi que celui de Meyerbeer, Robert le Diable (1831) — qui fut une mine d'or et découragea Rossini — apportèrent à leur tour leurs éclatantes contributions à cette période faste. Enfin la Juive d'Halévy (1835), puis les Huguenots de Meyerbeer (1836), parachevèrent la rénovation du répertoire. En dix ans l'Opéra de Paris avait fait peau neuve.

Nourrit avait vécu, en tête de ligne, cette passionnante aventure. Il y avait puisé sa bonne part de succès et confirmé son talent de tragédien lyrique remarquable. Il semblait que sans lui nulle création n'eût été possible. N'était-il pas l'indispensable conseiller d'Halévy lors des répétitions de la Juive et son collaborateur actif pour toute une série de modifications de cette œuvre ? N'avait-on pas pour lui, transposé en registre de ténor le rôle grave de Don Juan de Mozart ? Ne chantait-il pas la romance de Raoul des Huguenots avec une suavité ravissante et n'insufflait-il pas dans l'air d'Eléazar de la Juive "Rachel quand du Seigneur" une émotion poignante ? Que pouvait-on espérer de mieux ? Rien, hormis qu'il se trouvait que Nourrit chantait dans la plus pure tradition du 18ème siècle des œuvres qui, elles, appartenaient au 19ème siècle et que le public de 1836, consciemment ou non, aspirait à d'autres méthodes d'interprétation. Le style et la technique d'émission de Nourrit étaient totalement rattachés au passé. L'amateur de 1979 pour qui Guillaume Tell, la Juive ou les Huguenots sont synonymes d'épreuves de force réservées aux ténors "héroïques" champions des si-bémols et des contre-uts éclatants, imagine mal que ces œuvres aient été chantées par Nourrit entièrement en voix de tête dès les notes aigües. Quel intérêt pouvait-on bien prendre à entendre ces ouvrages dans un pareil style ? Eh bien, on appréciait l'agilité du ténor à passer, sans hiatus, des sonorités de poitrine à celles de tête, on était friand de sa virtuosité dans les vocalises, on savourait le velouté et le charme de son timbre mixte ! Au demeurant, Nourrit, qui, à partir du sol ou du la aigu, passait en fausset, avait à tel point cultivé ce registre qu'il parvenait à en tirer des sonorités non seulement ravissantes mais même puissantes, sans éprouver la moindre fatigue. Evidemment certains passages tels "asile héréditaire" manquaient de sel et d'ailleurs Nourrit n'avait pas manqué de les faire supprimer.

C'est essentiellement dans les parties du médium qu'il mettait toute son âme de grand tragédien et qu'il exprimait, par sa large déclamation, les sentiments pathétiques des personnages. N'était-ce pas ainsi que l'on chantait depuis les origines de l'Opéra de Paris, en cultivant l'art de la diction, en recherchant les effets de voix claire et en utilisant avec agilité la voix de tête dès les prémices de l'aigu ? On ignorait absolument qu'un ténor pût s'y prendre autrement ...

Une scène de Robert le Diable de Meyerbeer - De gauche à droite : Levasseur, L. Nourrit, Cornelie Falcon.

4

LE COUP DE TONNERRE DE 1837

L'INCROYABLE EXPLOIT DE DUPREZ

Gilbert Duprez allait se charger de démontrer le contraire.

Il était né en 1806, fils d'un négociant-bonnetier. Tout jeune il entra dans l'Ecole de Musique de Choron, une des plus renommées et des plus grandes concurrentes du Conservatoire. En 1820 il trouva un emploi au Théâtre Français dans les chœurs d'Athalie, mais cela ne le passionna pas et il partit tenter sa chance en Italie. Il en revint bientôt, n'ayant connu aucun succès. A Paris, il réussit à se faire engager à l'Odéon pour chanter Almaviva dans le Barbier de Séville de Rossini. Il avait 19 ans et possédait une voix de "tenorino". "Pour m'entendre, raconte-t-il" il fallait être assis sur le trou du souffleur". Cependant il fut assez applaudi dans les rôles légers tels que Zémire et Azor ou Ottavio de Don Juan. Puis il fit un séjour de quelques mois à l'Opéra-Comique, toujours cantonné dans le répertoire de ténor léger, interprète, en particulier, de Georges Brown de la Dame Blanche. Mais ce n'était ni la gloire ni la fortune et comme Ducis le directeur de l'Opéra-Comique lui supprimait une augmentation d'appointements Duprez plia

bagages et reprit le chemin de l'Italie. Il avait 22 ans. Là, il fit de nombreuses pérégrinations dans les grandes villes, chantant les rôles de "seconds-premiers", se frottant aux grands chanteurs de l'époque et s'imprégnant peu à peu du style dramatique large que le ténor Donzelli mettait à la mode. Il s'agissait d'une manière de chanter dite "sombrée" qui permettait d'augmenter considérablement la puissance de la voix et de conserver le timbre de poitrine dans les aigus au delà du sol. En contrepartie les sonorités y perdaient de leur clarté et de leur légèreté. L'élégance aristocratique, et l'agilité dans les ornements cédaient la place à des intonations lourdes mais amples et dramatiques. C'était là une école entièrement nouvelle. Certes les anciens maîtres n'avaient pas ignoré l'assombrissement vocal et la façon de le produire, mais ils le réservaient pour de rares effets. Ils n'eussent jamais eu l'idée de l'ériger en système. Cependant la nouvelle génération des compositeurs italiens, tels Donizetti et Bellini, rompant avec le style rossinien, s'enthousiasma pour le drame lyrique. Elle ne pouvait trouver de meilleur instrument que la voix sombrée pour exprimer ses élans tragiques et passionnés. Des œuvres furent écrites spécialement pour des ténors qui pratiquaient ce style moderne. Le public s'enticha de cette langue musicale intense et forte. La voix sombrée se répandit dans toute l'Italie. Duprez constata que son timbre léger tournait au "mezzo-caractère" et que sa voix ne cessait de s'élargir. Puis, un jour, ayant été choisi pour créer Guillaume Tell à Lucques, il découvrit, en déchiffrant la partition, qu'il parvenait même à émettre des "ut" de poitrine !

Sans doute était-ce la première fois au monde que pareil phénomène se produisait. Duprez a décrit dans quel état il se trouva alors plongé : "A la dernière période du grand air, à ce "suivez-moi" guerrier, terminé par une note à laquelle je n'avais jamais essayé d'atteindre, moi, tenorino d'hier, à peine mis au courant des habitudes dramatiques, mes cheveux se dressèrent sur ma tête ! Du premier coup, je le compris : ces mâles accents, ces cris sublimes, rendus avec des moyens médiocres, n'étaient plus qu'un effet manqué. Il fallait, pour se mettre à la hauteur de cette énergique création, la concentration de toute la volonté, de toutes les forces morales et physiques de celui qui s'en ferait l'interprète... Eh ! parbleu, m'écriai-je en terminant, j'éclaterai peut-être ; mais j'y arriverai ! Voilà comment je trouvai cet ut de poitrine" ... Duprez fit alors des tournées triomphales dans toute l'Italie : il s'adonna à fond à ce nouveau genre. Il chanta dans les plus vastes salles et sa voix gagna encore en puissance et en étendue. Sa réputation franchit les frontières. La France le remarqua. Il refusa les propositions de l'Opéra-Comique et du Théâtre de Lyon, mais quand Duponchel, le directeur de l'Opéra le pressentit, il accepta plus complaisamment d'ouvrir le dialogue. Des accords furent conclus. Alors, que 7 ans auparavant il avait quitté Paris, pauvre, découragé, sans ressources, voilà qu'il était appelé et engagé par l'Opéra de Paris en 1836, sur sa seule réputation italienne ! Il était stipulé qu'il partagerait les attributions de premier ténor avec Nourrit, mais ce dernier devait se retirer alors de l'Opéra dans des circonstances qui mériteront d'être racontées ultérieurement.

C'est le 17 Avril 1837 que se firent les débuts de Duprez lors d'une représentation historique de Guillaume Tell. Il l'a lui-même raconté : "Jamais, depuis sa création, Guillaume Tell n'avait attiré pareille assistance dans la salle de l'Opéra. La curiosité du public, excitée depuis six mois par les articles des journaux, allait donc enfin se satisfaire ! Aussi, lorsque j'apparus sur le haut de ma montagne, après l'introduction du premier acte, ne distinguai-je qu'un formidable ensemble de lorgnettes braquées sur moi ; je supportai bravement ce premier assaut de curiosité et descendis en scène ; mais à peine y fus-je que j'entendis un petit rire étouffé circuler dans toute la salle : c'étaient les talons à l'aide desquels mon directeur avait à toute force voulu me garantir qui provoquaient l'hilarité [1]. Je fis néanmoins bonne contenance... Une fois seul en scène, l'épaisseur du silence qui se fit m'effraya. Je chantai le récit : "il me parle d'hymen etc...". De même qu'à la répétition générale, une sorte de frou-frou, dont je ne compris pas le sens, l'accueillit du haut en bas de la salle et j'entamai mon duo sans savoir si j'avais plu ou si j'allais échouer. Il faut le dire : j'eus peur ! Mais après la phrase "O Mathilde, idole de mon âme", un tonnerre d'applaudissements avait éclaté... L'enthousiasme du public a toujours pour effet de décupler les moyens de l'artiste ; il s'établit entre eux une communication intime. Au deuxième acte des exclamations approbatives venaient souligner chaque phrase de mes récits... Mais lorsque j'eus chanté mon grand air, je ne puis dire ce qui se passa ! Ce que j'éprouvai est impossible à exprimer ; le triomphe dont je fus l'objet, ce n'est pas à moi de le décrire. Jamais, dans mes rêves les plus ambitieux, je n'eusse osé aspirer à rien de semblable ! Jamais même je n'en aurais eu l'idée !"

Le public parisien non plus ! Personne n'avait soupçonné, depuis 150 ans que l'Opéra existait, qu'une pareille voix de ténor pût se faire entendre et que les limites des possibilités humaines fussent susceptibles d'être repoussées aussi loin ! La puissance atteinte par la voix sombrée d'un chanteur de grand opéra a été maintenant mesurée : elle s'élève à 130 décibels

---

1. Duprez était de très petite taille.

DUPREZ

de l'Académie Royale de Musique

Duprez, ce petit homme, arrivait d'Italie précédé d'une immense réputation.

à 1 mètre (ce qui correspond au fracas d'un réacteur d'avion). En outre cette technique permet aux ténors de monter en voix de poitrine jusqu'au contre-ut, parfois jusqu'au contre-mi ! On conçoit aisément qu'après cette représentation de Duprez du 17 Avril 1837 plus rien ne ressembla au passé. Désormais les ouvrages du nouveau répertoire romantique, Guillaume Tell, Robert le Diable, la Juive, les Huguenots, ainsi que ceux qui suivirent, seront chantés avec la technique de Duprez. Le public brûla ce qu'il avait adoré et se lassa des points d'orgue et des fioritures, "vains ornements de salon" ; il exigea des ténors la largeur du style, la solidité de la voix de poitrine et la puissance expressive du chant.

Si certains avaient pensé que Duprez, phénomène vocal, était un cas unique et que ses contreuts disparaîtraient avec lui, ils se détrompèrent vite. Tous les ténors, sans exception, cultivèrent la voix sombrée et obtinrent le fameux rayonnement de leur aigu.

Les compositeurs purent exprimer par les ténors leur grand souffle dramatique. Ces chanteurs devinrent leurs premières valeurs. Verdi, Wagner, Gounod, Saint Saens, Bizet, Massenet, Puccini etc... firent des ténors leurs héros. Dorénavant le ténor deviendra le roi des chanteurs. Quant au style traditionnel qui avait été porté à son point de perfection par tant de générations, il cessa d'être cultivé et tomba en désuétude. Avec la retraite de Nourrit, c'est un art du chant tout entier qui sombra dans l'oubli.

LE CALVAIRE DE NOURRIT

Qu'était devenu Nourrit pendant ce temps là ? Lorsque Duponchel le directeur de l'Opéra avait entamé ses pourparlers avec Duprez il n'avait pu faire autrement que de demander à Nourrit son avis puisqu'il s'agissait de partager ses attributions. Dans un premier mouvement, ce dernier acquiesca, en grand seigneur qu'il était. Duponchel, ravi, s'empressa de conclure avec Duprez. Bien lui en prit car quelques jours plus tard Nourrit regrettait sa générosité spontanée. Il se montait la tête. Quoi ! on le dépouillait tout simplement de la moitié de ses rôles, lui qui

depuis 15 ans avait fait le succès de chacune des œuvres du répertoire, ancienne ou nouvelle, lui qui âgé seulement de 35 ans jouissait de l'épanouissement de son talent ! Quelle humiliation ! Voilà qu'on donnait déjà à Duprez, sans même l'avoir entendu, Guillaume Tell et la Juive, ses deux meilleurs succès ! Et puis, une inquiétude sourdait en lui : ce petit Duprez aurait-il vraiment acquis une voix énorme par la pratique de certains secrets italiens et pousserait-il des aigus tellement puissants ? Il y avait là dedans quelque chose de sournois ! Au fond de lui, Nourrit, qui ne connaissait que le pur chant français, se sentait déjà débordé par ce raz-de-marée sonore annoncé par les journaux. Risquerait-il soudain de se trouver relégué au second plan ? Dans le psychisme de Nourrit, il se développa un véritable complexe d'infériorité et de frustation qui prit des proportions pathologiques. Lors d'une représentation de la Muette, Duprez étant venu, semble-t-il, l'entendre, Nourrit, en proie à un phénomène d'inhibition, fut saisi d'un enrouement subit et ne put terminer la soirée. Cet incident lui dévoila que son avenir à Paris serait intolérable et que le fameux assaut de talent Nourrit-Duprez, espéré comme une bonne fortune par le directeur et le public, se solderait par des échecs et par sa déchéance. Accablé par un "profond chagrin" il se résolut à couper les ponts avec Paris et à faire des tournées en province. Il annonça sa démission. Les objurgations de ses amis restèrent vaines. Bien au contraire sa décision lui permit de retrouver le calme et il termina brillamment sa saison à l'Opéra, recevant les ovations frénétiques d'une salle comble pour sa représentation de retraite, le 1er Avril 1837. Puis il s'en alla vers les grandes villes de province et de Belgique : à Bruxelles, à Anvers, à Lille, partout, il remporta des succès. A Marseille il fut accueilli dans l'enthousiasme. Il commença sa série de représentations par Guillaume Tell et ce fut un triomphe. Cependant, était-ce le froid, était-ce la fatigue, il devint sujet à des enrouements fréquents et eut des représentations très inégales. Tourmenté par les défaillances de sa voix, il sombra dans une profonde tristesse. Le 13 Juin, il jouait La Juive. Au cours du spectacle, un enrouement le prit au moment de l'air "Rachel, quand du seigneur...", et la fatigue, la crainte et l'émotion paralysèrent complètement sa voix. Son timbre se voila. Il parvint à peine à donner le fa naturel. Ses efforts furent vains pour atteindre le la bémol aigu : il fut obligé de finir à l'octave et s'enfuit de la scène, accablé. Le public, bon enfant, avait fort bien accepté cette indisposition, manifestement due au froid. Mais Nourrit s'était réfugié dans sa loge, comme fou. Ses amis le rejoignirent. Il ne les reconnaissait plus. "Je ne puis plus vivre, je suis déshonoré !" s'écria-t-il, et il courut se jeter par la fenêtre. Ses amis le rattrapèrent juste à temps : ils l'empoignèrent et l'assirent de force sur un fauteuil. Peu à peu, il se calma et retrouva ses esprits. Cependant il resta très déprimé. "La vie m'est insupportable. Je sais bien que j'ai le devoir de me consacrer à mon entourage, à ma femme et à mes enfants... mais y parviendrai-je ? J'ai très peur de devenir fou..."

Il se retrancha dans la solitude, ruminant sans cesse ses malheurs. *L'obsession de perdre*

Adolphe Nourrit n'accepta pas de partager sa place avec Duprez. Il se retira puis se suicida.

sa voix s'empara de lui et ne le quitta plus. Il renonça à poursuivre ses représentations à Marseille et il rentra à Paris, souffrant. A quelque temps de là il reprit ses tournées de province, mais malade à Toulouse, obligé de déclarer forfait à Bordeaux, il dut y renoncer. Crosnier, le directeur de l'Opéra-Comique lui fit des propositions qu'il déclina catégoriquement. Sa déchéance n'était-elle pas suffisante ? Non, il fallait qu'il trouvât une solution radicale à ses problèmes. Il alla entendre chanter Duprez. Pourquoi n'apprendrait-il pas à son tour les secrets italiens ? Si cet homme qui avait à l'origine une voix insignifiante avait acquis tant de puissance, alors, que n'adviendrait-il pas de lui, Nourrit, le meilleur ténor de Paris ? Il pourrait se battre avec Duprez enfin à armes égales ! Ses amis cherchèrent à le dissuader de changer la nature de sa voix, mais rien n'y fit. En toute hypothèse, pensait-il, l'Italie ne pouvait que contribuer à le guérir. Il demanda congé au Conservatoire où il était titulaire d'une classe de chant et il partit en 1838.

Une fois là-bas, il se renseigna beaucoup, rencontrant à Turin le célèbre ténor Donzelli, chef de file de l'école de la voix sombrée, allant à Gênes, à Milan, à Florence, à Pise. Il écouta de nombreux artistes italiens à qui il reprocha, d'ailleurs, de crier et de vouloir le déploiement exagéré du son. Pour sa part, il chanta peu et seulement dans des salons. Il mûrissait son projet. Ce serait à Naples, la meilleure école de chant d'Europe, qu'il travaillerait le technique de l'émission. Une fois au point, il se produirait sur les grandes scènes italiennes et conquerrait la place de premier ténor européen. Il se livra donc à l'étude du chant italien avec acharnement, comme un simple débutant qui a tout à apprendre, oubliant tout son acquis, et recommençant à zéro. Mais à plusieurs reprises il dût s'arrêter car sa voix se fatiguait. Barbaja, le directeur du théâtre San-Carlo de Naples, l'engagea pour chanter Polyeucte, ouvrage de Donizetti. La partition plaisait beaucoup à Nourrit qui y mettait ses meilleurs espoirs. Malheureusement la censure gouvernementale en empêcha la représentation. Nourrit éprouva une grande contrariété. La saison approchait et il n'avait aucune pièce de prête. Il finit par jouer Pia de Tolomei de Donizetti, qui après de hâtives répétitions, fut mal accueillie par le public. Nourrit eut une crise nerveuse terrible et décida, pour un temps, de renoncer à se produire sur scène. Donizetti, imprégné des théories nouvelles, avait exercé sur lui une influence néfaste, en ne cessant de l'inciter à chanter fort. En définitive, cette émission n'avait fait qu'altérer la voix de Nourrit et l'avait privé de son délicieux timbre de tête. Quand sa femme l'entendit, elle fut consternée. Nouvelle crise de désespoir : il ne croyait plus en son avenir italien et voulait revenir à son passé. Donizetti partit ; Nourrit se reposa et s'arrêta de chanter. Un jour, quelle joie ! il constata que sa voix française était revenue ainsi que son joli fausset. Il se jura alors de s'en servir telle quelle.

Il donna un certain nombre de représentations très favorablement accueillies par le public ainsi que par les journalistes. Mais l'exigence italienne le décevait : il ne se faisait pas à cette vie d'artiste qui exigeait, qu'en forme ou non, on dût chanter 4 ou 5 fois par semaine, que l'on apprît les rôles en 8 jours et que l'on en changeât sans arrêt. L'Opéra-Comique puis l'Opéra de Paris lui proposèrent des engagements. Découragé, abattu, redoutant de retourner en France, il les refusa. "Je ne suis plus le Nourrit d'il y a deux ans ; je ne suis plus capable de rien, je m'éteins." Son état ressemblait à celui qu'il avait connu à Marseille : il était prostré, rentré en lui-même, assailli de troubles mentaux. Il envisageait d'entrer dans un hôpital de fous. Cependant Barbaja le fit chanter le 7 Mars 1839. Il était surexcité et la représentation l'effrayait. Au premier air, dont il ne fut pas satisfait, il y eut quelques applaudissements mais il trouva que l'on aurait du le siffler. Au second air, il fut applaudi davantage ; il n'y vit que moquerie et dérision de la part du public ! Rentré chez lui, il soupa, très agité. Il se coucha et lut. Il éteignit très tard. Vers les 5 heures du matin, il se leva, monta au dernier étage de l'hôtel où il logeait et se précipita dans le vide. On retrouva son corps inanimé sur les dalles de la cour ...

En même temps que lui s'éteignait la pratique d'un style qui avait été cultivé en France pendant plus de 150 ans.

5

DUPREZ ET SES SUCCESSEURS

LE NOUVEAU STYLE LYRIQUE

Après son triomphal début dans Guillaume Tell précédé de quelques jours par la retraite de Nourrit, Duprez s'installa, à part entière, dans la place de premier ténor de l'Opéra. Il s'appropria tous les grands rôles du répertoire, et, outre Guilllaume Tell, il chanta la Muette de Portici, les Huguenots, la Juive, et Robert le Diable. Bien entendu il fut le créateur des nouveaux ouvrages et en particulier de Benvenuto Cellini de Berlioz (1838), de la Favorite de Donizetti (1840), de la Reine de Chypre de Halévy (1841), de Lucie de Lammermoor de Donizetti (1846), où il avait déjà tenu le rôle d'Edgardo lors de la première italienne à Naples en 1835, de Jérusalem de Verdi (1847), adapatation française de I Lombardi, etc. Douze années durant, il règna sur la scène de l'Opéra, puis se retira en 1849, sa voix, semble-t-il ayant décliné. Mais il n'en continua pas moins à développer une intense activité. Professeur au Conservatoire de 1842 à 1850, il fonda ensuite sa propre école de chant d'où sortirent de nombreux artistes célèbres, parmi lesquels figurèrent sa propre fille Caroline Duprez ainsi que Mme Miolan-Carvalho. Avec ses élèves, il constitua une troupe et fit des tournées en France et à l'étranger. Il composa de nombreux opéras, "la Chute des feuilles", "Jeanne d'Arc", "Samson", etc., œuvres d'un niveau médiocre, et il se fâcha tout rouge parce que l'Opéra n'acccpta pas de les représenter !

Il jouissait d'une réputation considérable. Il avait un authentique tempérament de "gagneur" et il ne se démontait jamais. On raconte qu'un jour à Marseille, son passage "amis, secondez ma vengeance..." dans Guillaume Tell fut accueilli par quelques coups de sifflets. Sur-le-champ il envoya le régisseur faire l'annonce suivante : "Mesdames, Messieurs, cet air est si beau que M. Duprez tient à vous le faire entendre à nouveau". Et il le rechanta. Rossini lui portait une grande affection et l'invitait souvent à venir déguster son fameux "macaroni" préparé de sa propre main. N'était-ce pas ainsi que le Maestro témoignait le mieux ses sentiments d'amitié à son entourage ? Il vécut 90 ans et jusqu'à sa mort, chaque année, il donna un concert ! Il a écrit "l'art du chant", qui est resté l'une des meilleures Méthodes qui puisse se trouver en France.

Comment ce petit bonhomme de Duprez

Duprez implanta en France la technique de la «voix sombrée».

s'y prenait-il pour sortir son énorme voix et pour la faire monter aussi haut ? Par la technique de la grande ouverture de la gorge et de l'arrondissement des sons que l'on a appelée par la suite "bâillement" ou "couverture" et qu'il a lui-même décrite. *"On vocalise sur la voyelle "a". Ne prononcez pas cet "a" comme dans le mot ami, mais bien comme vous le prononceriez dans le mot "âme" en ouvrant toute la gorge. C'est ce que l'on appelle assez improprement en France sombrer dans les sons. Les Italiens n'ont guère que cette manière de les émettre."* Lorsque le ténor accède aux notes dites "de passage" entre le haut médium et l'aigu (mi, fa, sol), là où la voix a tendance à s'amenuiser, il doit arrondir encore davantage son émission et la soutenir par la poussée des muscles abdominaux. *"Il n'est pas d'élève, ajoute Duprez, qui ne s'aperçoive d'un changement de timbre dans la voix, lorsqu'il arrive*

à certaines notes. La transition doit s'en opérer avec les plus grandes précautions. Il faut adoucir graduellement les deux notes qui précèdent celles du changement, arrondir et forcer même les deux notes qui suivent." Ce serait une erreur de penser que Duprez en avait retiré une voix d'une longueur exceptionnelle. En fait il ne disposait même pas de deux octaves et s'il grimpait jusqu'au contre-ut avec éclat, il devenait faible et détimbré à partir du fa du bas-médium. Mais son médium était aussi puissant que celui d'un baryton, ce qui lui permettait de faire valoir son style d'expression dramatique ample et vibrant.

Autant que la conquête de l'aigu, cet élargissement du médium fut une révolution dans le chant lyrique. Grâce à lui les accents de la passion et du pathétique s'exprimèrent par la voix des ténors. L'avenir du drame lyrique tint en ces sonorités "qui partaient du fond vigoureux même des entrailles" et qui donnaient la possibilité de s'exprimer à des personnages tels que Siegfried, Othello, ou Samson. Le public s'embrasa pour ce genre nouveau : était-ce l'opinion qui avait poussé à la réforme du chant ? Etait-ce Duprez qui avait conquis l'opinion ? Peu importait, l'évolution s'était faite, irréversiblement. L'époque des fioritures artificielles et des manières affectées et futiles se trouvait définitivement révolue. On voulait la largeur du style, la sincérité de l'émotion, et la puissance des sonorités. Certes, les détracteurs ne manquèrent pas. Une génération d'hommes ne se laisse pas bousculer dans ses habitudes sans qu'il en résulte des remous. Beaucoup de gens, attachés à une tradition soudain piétinée, prostestèrent contre cette façon de "crier", contre "ce hurlement français", vulgaire musicalement et dangereux vocalement. Des campagnes furent menées, hostiles à la mode de la voix sombrée et à l'épidémie malsaine qui en résultait dans le monde des chanteurs et des compositeurs.

Voici, par exemple, comment s'indignait Stephen de la Madelaine, l'un des grands maîtres de chant français, en 1852 : "Que dirai-je aujourd'hui, moi qui ai prêché, durant quinze longues années, "une croisade musicale en faveur de la pauvre vocale qu'on a sacrifiée "au mérite excep-

"tionnel d'un artiste hors ligne (Duprez), dont les
"triomphes ont fait plus de tort à l'art français
"que l'invasion des barbares n'en a fait jadis aux
"splendeurs énervées du Bas Empire ?" "En
"effet, plus l'illustre artiste étonnait par ses ex-
"centricités vocales l'auditoire d'élite qui se pas-
"sionnait à cette exécution puissante et majes-
"tueuse, plus les compositeurs lui prodiguaient
"dans leurs ouvrages les moyens d'augmenter
"l'éclat de son exécution par de nouveaux tours
"de force vocale, et par des prodiges de sono-
"rité dans les cordes élevées. Et puis on cria
"contre la sottise de l'imitation quand tous les
"ténors de Paris, quand tous les élèves de chant
"tentèrent d'engrener leurs voix dans le système
"de cet inexpugnable modèle. Hélas ! tous ces
"malheureux chanteurs, violemment arrachés
"à l'individualité de leur talent, n'avaient pas
"le choix du parti qu'il leur restait à prendre.
"Il fallait à Paris des doublures au grand maître ;
"il fallait des Duprez dans le reste de la France.
"Les effets applaudis à l'Opéra devaient, bon
"gré, mal gré, se reproduire en province. On
"demandait partout des uts de poitrine ; on
"voulait, dans les moindres localités, le fameux
"rinforzando du "Suivez-moi"... de Guillaume
"Tell. Les infortunés ténors, qui avaient jusque
"là fourni une carrière honorable et paisible,
"étaient-ils libres de continuer à rester eux-
"mêmes ? Ils avaient à recommencer toutes
"leurs études ; car il n'était plus permis à un
"ténor qui avait quelque respect de son talent
"de donner une seule note de timbre clair ou de
"fausset. Le fausset, bon Dieu ! Quel eût été le
"malheureux assez abandonné de Dieu et de la
"voix sombrée pour hasarder de pareilles pau-
"vretés ? Et tout ce mal n'a pas été le résultat
"d'un certain nombre d'années, mais de quelque
"mois, de quelques semaines. D'une saison théâ-
"trale à l'autre, la France compta cinquante
"Duprez au petit pied, qui sombraient à qui
"mieux mieux et qui s'égosillaient à l'avenant.

Ces évènements bien que retracés par Stephen de la Madelaine sur le ton de la polémique
se passèrent exactement ainsi. Dès 1837, après le
retentissant Guillaume Tell, tous les ténors se
mirent à chanter "à la Duprez". Même les basses
et les barytons tirèrent leur profit de la nouvelle
technique : le "baryton-Verdi", qui montera

désormais jusqu'au la naturel aigu et qui deviendra l'un des atouts majeurs du drame lyrique, en
sera l'un des plus illustres bénéficiaires. Les 130
décibels de Gilbert Duprez et de l'école de la
voix sombrée furent l'une des plus grandes con-
quêtes de la civilisation lyrique. Ils ouvrirent la
porte à un futur fabuleux qui contenait notamment les drames wagnériens, les chefs-d'œuvre
de Verdi, les opéras de la nouvelle école française ainsi que le vérisme.

LES ADEPTES DE DUPREZ

Les ténors de l'Opéra de Paris étaient mieux
placés que quiconque pour se livrer à la pratique
de la voix sombrée. La Troupe de l'Académie
de Musique, largement étoffée, en compta bon
nombre. Certains d'entre eux furent particulièrement représentatifs de l'époque et de son style.

— Gustave, Hippolyte ROGER

Né vers 1825, fils d'un notaire et petit-fils
d'un acteur — auteur dramatique, il se destina
initialement à la carrière juridique et fit, pour
cela, d'excellentes études. Mais notre jeune clerc
découvrit qu'il avait une agréable voix de ténor
et se sentit la vocation du théâtre. Il entra au
Conservatoire, en 1836, dans la classe de Martin.
Dès 1838, engagé à l'Opéra-Comique, il débuta
avec beaucoup de succès dans l'Eclair d'Halévy.
Il resta durant dix années le ténor favori du public de la Salle Favart par son élégance, sa physionomie symphatique, sa voix chaleureuse et son
jeu d'acteur plein de passion. Il participa à toutes
les créations et en particulier à celles des oeuvres
d'Auber, grand fournisseur des scènes lyriques.
Personne n'assista de plus près que lui à la
fameuse révolution de 1837 et il fut l'un des
tous premiers de la nouvelle génération à qui
se posa la délicate alternative : voix blanche
ou voix sombrée ? Après mûre réflexion, il opta
pour la technique de Duprez. C'est ce qui lui
permit, avec des moyens qui ne paraissaient
pas a priori exceptionnels, de se faire entendre
et de "tenir" tout au long des grands opéras
dans la vaste salle de la rue Le Peletier. Car telle
avait été son ambition : entrer à l'Opéra de

Roger, adepte de Duprez, fut vedette de l'Opéra-Comique puis de l'Opéra.

Paris et y créer le Prophète, œuvre tant attendue de Meyerbeer, que ce dernier avait déclaré lui destiner. Il réalisa pleinement ce projet en 1849 et surmonta avec autorité les cinq actes écrasants de la partition. Désormais installé dans la place de premier ténor de l'Opéra, pendant onze années, il alla de succès en succès. En 1859 il était parvenu à l'apogée de sa réputation, il touchait 10.000 Francs par mois, appointements fabuleux pour l'époque et il s'était constitué une solide fortune : il était un homme heureux ... Le 27 Juillet, il jouissait de l'agrément calme et raffiné de son beau château de La Lande ; il se promenait dans son vaste parc, un fusil à la main, guettant le gibier. Mais il eut la malencontreuse idée de franchir une haie ; l'arme se prit dans le fourré, il la tira vers lui, par le canon; le coup partit et lui fracassa le bras ... On dut l'amputer. Cet homme révéla alors un courage hors de pair. Il surmonta

ses souffrances et quand la plaie fut guérie, il se fit adapter un bras mécanique de sorte que le 15 Décembre il reparût sur la scène de l'Opéra, devant une salle comble, où l'on pouvait distinguer l'Empereur et l'Impératrice, où l'on avait triplé le prix des places, et où les "vrais" bravos du public étouffaient ceux de la claque ! Il poursuivit une carrière active : on le revit à l'Opéra-Comique, il alla chanter à l'étranger et il aborda même la carrière d'acteur dramatique — sans grande réussite. Il fut nommé professeur au Conservatoire en 1868 et il y enseigna jusqu'à sa mort.

— **Louis GUEYMARD**

Avec Louis Gueymard nous retrouvons le "conte de fée" comme pour le cuisinier Dumesny ou le crieur de laitue Lainez. Il était une fois, au fin fond de l'Isère, un petit cultivateur, qui toutes les semaines partait à la ville vendre ses légumes. Sur la route longue, juché sur sa charrette, il conduisait son cheval, et pour tuer le temps, très souvent il chantait. Sa voix était si belle et si puissante, que les passants s'arrêtaient étonnés et admiratifs ... Un jour ses amis lui dirent : "toi qui aimes à tel point chanter, viens donc avec nous au Grand Théâtre de Lyon. Un ténor d'opéra y fait ses débuts dans la Favorite !" Le brave Gueymard se laissa emmener. Pendant la représentation il ouvrait bien grandes ses oreilles. A la sortie du spectacle chacun s'extasiait sur les "si" que le ténor avait poussés. "Mais moi, j'en fais autant", répartit Gueymard. Et il émit une note éclatante, parfaite de pureté. Le cercle se fit autour de lui. Le chef d'orchestre qui passait l'entendit. Il le questionna, lui fit rechanter sa note, lui fixa un rendez-vous, et lui donna des leçons. Sur ces entrefaites Levasseur, la célèbre basse, rendit visite au chef d'orchestre et entendit Gueymard. Il l'incita à aller aussitôt à Paris chez Léon Pillet, directeur de l'Opéra. Après une courte audition, ce dernier déclara sans ambages : "allez suivre les cours du Conservatoire et dès votre sortie, je vous engage". Ce qui fut dit fut fait. En 1847 Gueymard terminait ses études musicales, en 1848, il débutait à l'Opéra dans Robert le Diable. Il avait 26 ans.

C'était une magnifique voix naturelle, aussi puissante et dramatique que celle de Duprez, aussi bien timbrée et charmeuse que celle de Nourrit. D'entrée, le public lui fit un accueil enthousiaste.

Il resta 20 années pensionnaire de l'Opéra de Paris, et il y interpréta les principaux rôles du répertoire traditionnel ou nouveau, très souvent aux côtés de sa femme, Mme Lauters : Edgard de Lucie de Lammermoor, Phaon dans Sapho de Gounod (création 1851), Henri dans les Vèpres Siciliennes de Verdi (création 1855) Manrique dans le Trouvère de Verdi (création 1857), la Reine de Saba de Gounod (création 1862). Bien entendu il fut l'un des plus brillants défenseurs de Guillaume Tell que l'on reprit pour lui dans sa version intégrale, car Duprez tout comme Nourrit y avait opéré quelques coupures de convenance. Il fut affiché régulièrement dans le Prophète — où il succéda à Roger — dans les Huguenots et dans la Juive.
Il prit sa retraite de l'Opéra en 1868.

VILLARET

   Avec Villaret, c'est le "conte de fée" qui se poursuit. C'était un brave homme qui travaillait dans une brasserie à Avignon et qui de temps à autre, pour divertir les clients, se mettait à chanter. Le directeur de l'Orphéon avignonnais passa un jour par là et fut ébloui par cette superbe voix. Il l'incita à travailler la musique, il l'embrigada dans sa chorale et il eut une telle foi dans l'avenir de son protégé, qu'il le conduisit jusqu'à Paris ... dans le bureau même d'Alphonse Royer, Directeur de l'Opéra ! Sur l'heure, ce dernier l'engagea. Il l'employa d'abord à lui apprendre le métier d'artiste par des leçons de chant, de diction, de maintien, de jeu de scène etc. Puis en 1863, Villaret débuta à l'Opéra, en abordant directement le rôle d'Arnold de Guillaume Tell aux côtés de Mme Duprez et de J.B. Faure. Les amateurs attendaient de pied ferme l'ancien brasseur, dont l'histoire avait fait le tour de Paris. Dès son entrée en scène il régna un silence religieux : la race des vrais ténors n'était-elle pas très rare ! Son récitatif plut : car son timbre était d'une rare pureté et

Villaret, découvert dans une brasserie d'Avignon, devint premier ténor de l'Opéra de Paris.

d'une fraicheur remarquable dans le médium et dans l'aigu. Dans les airs, ses notes de poitrine furent données avec une déconcertante facilité jusqu'au si naturel, et son ut, quoique plus "tiré", fut émis avec éclat dans le style de Duprez. Quant à ses passages en fausset et en voix mixte, ils dégageaient un charme ravissant. Certes il lui restait à faire beaucoup de progrès dans sa diction et dans son jeu de scène, mais qu'importait : l'Opéra de Paris venait d'acquérir une authentique voix de ténor, et Gueymard qui portait le poids du répertoire depuis tant d'années et qui donnait quelques signes de fatigue allait se trouver sérieusement épaulé ! Cette soirée fut triomphale. Elle fut suivie de beaucoup d'autres puisque, jusqu'en 1881, Villaret, médiocre comédien mais artiste d'instinct, fit entendre sa splendide voix naturelle dans la Juive, la Muette, les Huguenots, Robert le Diable, l'Africaine, le Prophète, la Reine de

Chypre, pour la plus grande jubilation du public.

Les carrières de Gueymard et de Villaret semblent l'une et l'autre relever du pur hasard. Pourtant les anecdotes de ce genre tiennent une place essentielle dans une chronique des ténors. Certes la "distribution" des voix aux adolescents se fait dans des conditions imprévisibles, au travers des mystères de la métamorphose, pendant la mue. *Mais lorqu'une vraie voix se sera révélée quel obstacle pourra bien l'empêcher de trouver audience ? Pratiquement aucun. Un jour ou l'autre un authentique ténor pénètrera presque immanquablement dans le bureau du directeur de l'Opéra...*

Gueymard dans les Vêpres Siciliennes.

6

L'INTERNATIONALISATION
DU REPERTOIRE

— LA STAGNATION ET LE RENOUVEAU

On est en droit d'affirmer que, dans leur quasi intégralité, les œuvres jouées à l'Opéra de Paris jusqu'en 1850 ont été spécifiquement françaises. Quand bien même il advint que des compositeurs étrangers écrivissent pour Paris, ils vinrent s'installer dans la capitale, travaillèrent sur des livrets de littérateurs français, et s'imprégnèrent des goûts et de la tradition de la France. Rossini et Meyerbeer, ces deux "mamelles" de l'opéra romantique n'avaient-ils pas reçu, de fait, une véritable naturalisation, et la plupart des familiers de l'Académie de Musique ne les considéraient-ils pas comme d'authentiques gloires de l'art français ? Le répertoire ainsi constitué entre "le Siège de Corinthe" de Rossini en 1826, et le "Prophète" de Meyerbeer en 1849 fut joué pendant de longues années et servit de base aux spectacles parisiens. Les tentatives d'intrusion de Wagner suscitèrent des phénomènes de rejet : Du Vaisseau Fantôme, acheté en 1842, on chargea Dietsch, chef d'orchestre et compositeur français, de réécrire la musique et Paul Foucher d'adapter en français le livret allemand ; Tann-

häuser fut conspué par la cabale des abonnés pendant les trois honteuses représentations de 1861. Verdi, pour sa part put faire entendre Louise Miller en 1853, les Vêpres Siciliennes en 1855, le Trouvère en 1857 et Don Carlos en 1867, mais il n'obtint pas de succès durable. En vérité, le grand événement lyrique parisien fut la création de l'Africaine en 1865, et dans cette œuvre posthume de Meyerbeer les amateurs de l'Opéra savourèrent tout ce qui faisait leur délectation depuis bientôt 40 ans : les grands airs de vaillance où les uns après les autres ténor, baryton, basse, soprano et mezzo accomplissaient leurs prouesses vocales, puis les duos et les ensembles dans lesquels étaient à nouveau mises en valeur ces voix entrecroisées, le tout sur une musique faite d'une suite de mélodies faciles à retenir.

L'émission vocale à la Duprez faisait merveille sur de telles partitions ; un public "d'aficionados du contre-ut" venait se plonger dans le rayonnement des sonorités et exprimait sa joie devant les performances vocales. Mais "l'Africaine" doit être considérée aussi comme une fin de siècle. La nouvelle génération des mélomanes et des compositeurs se prit de lassitude et de mépris pour cet art "pompier" ; elle aspira à entendre de la vraie musique, à s'émouvoir pour des personnages simples et humains. Certains firent leur religion du cosmos sonore et mythologique de Wagner, d'autres préférèrent se laisser entraîner dans le souffle passionné de Verdi, d'autres enfin s'enthousiasmèrent pour une renaissance de l'Ecole Française ; tous les jeunes ou presque tous, en eurent assez du répertoire de papa et de grand papa avec sa Juive, ses Huguenots, son Guillaume Tell, et son Prophète. Dans les dernières dizaines d'années du siècle un mouvement irrésistible se déclencha, qui peu à peu gomma des affiches les ouvrages romantiques, et leur substitua les créations françaises, les chefs-d'œuvre populaires du grand musicien du Risorgimento, et les colossales compositions wagnériennes.

Or la participation des ténors fut un des éléments déterminants de cette évolution : imaginerait-on Wagner sans Siegmund, Siegfried ou Lohengrin, Verdi sans Radames, Othello ou Manrique, Gounod et Saint-Saens sans Faust, Roméo ou Samson ? Indiscutablement non. Mais il est certain aussi que sans la découverte de la voix sombrée et sans sa mise à la mode par Duprez, jamais aucun de ces personnages n'eût existé. Concevrait-on le chant de la Forge de Siegfried ou le finale du dernier acte de Samson et Dalila chantés par le ténor, en fausset ou en voix mixte, dans le style que cultivait Nourrit ? Le fait est là : Non seulement Duprez et l'école dont il se fit le champion ont révolutionné l'interprétation des ouvrages de cette époque, mais encore ils ont rendu possible un progrès considérable dans l'évolution de la musique.

LES TENORS DE LA FIN DU SIECLE

Ils furent nombreux et l'on peut citer notamment : Naudin, créateur de l'Africaine en 1865 — Colin, créateur de Faust à l'Opéra en 1869 — Bosquin, Achard, Salomon, créateur de Polyeucte en 1878 — Sellier, créateur d'Aïda en 1880 et de Sigurd en 1885 — Dereims, créateur de Rigoletto en 1885 — Vergnet, créateur de Samson et Dalila en 1892 — Duc, Guillaume

Ibos, créateur de Werther à l'Opéra-Comique — etc..., en sachant que l'on en omet beaucoup. Trois d'entre eux atteignirent à une célébrité remarquable, chacun par son talent original. Ce fut Léon Escalaïs, le "roi" de la quinte aigüe, Jean de Reszké, le ténor le plus doué de son temps et Ernest Van Dyck, l'introducteur de Wagner à Paris.

Léon ESCALAIS

Il fut le grand champion du contre-ut de l'histoire des ténors français. Il assumait sans fatigue les partitions les plus périlleuses, il galvanisait le public par un épanouissement sonore qui croissait en même temps que les notes s'élevaient, il ne refusait jamais de bisser. C'est ainsi que, lors d'une tournée aux Etats-Unis il avait chanté 7 fois de suite l'air du Trouvère "Supplice infâme" : 2 fois en français, 2 fois en italien, 2 fois en anglais, et une dernière fois en français ! Il avait poussé 14 contre-uts en un quart d'heure. Il fut le ténor idéal pour le répertoire romantique, interprété à la Duprez, qui constitua du reste la base de sa carrière : Guillaume Tell, la Juive, Robert le Diable, les Huguenots, l'Africaine ... Il donna les jouissances suprêmes à ceux qui avaient le culte de la voix pour la voix et il connut auprès d'eux une popularité sans borne. Ainsi, à Marseille, dans les "airs" une partie du public lui réclamait-elle les bis, alors que l'autre partie criait "Léon, ne te fatigue pas !" Cette familiarité aboutissait parfois à un véritable dialogue entre l'artiste et la salle. Un jour, à Marseille encore, dans le trio du second acte de Guillaume Tell, il donna, par inadvertance, le simple contre-ut au lieu du contre-ut dièze. Aussitôt une voix tomba du poulailler : "Oh Léon, et la grosse note, tu l'oublies ?". Escalaïs arrêta net l'orchestre et dit au chef : "On recommence !", et il chanta l'ut-dièze.

Il était né le 8 Août 1859 à Cuxac, dans l'Aude, où son père était cafetier. Il passa son enfance à servir les clients. Vers l'âge de 15 ans sa voix de ténor se manifesta et il prit un plaisir intense à se mettre à chanter, à tout moment,

Escalaïs, champion du
contre-ut de l'histoire
des ténors français,
dans la Juive (rôle
d'Eléazar).

par instinct. Mais il poussait des sonorités si fortes qu'il empêchait les gens de dormir ; ils allèrent se plaindre au maire qui prononça un arrêté pour interdire cette forme de tapage nocturne ! Ses dons ne pouvaient donc pas passer inaperçus et il fut rapidement orienté vers le Conservatoire de Toulouse puis vers celui de Paris. L'Opéra l'engagea, et il débuta, comme il y était prédestiné, dans Guillaume Tell en 1883. Il mena pendant 31 ans une brillante carrière d'artiste, à l'Opéra, en province, et à l'étranger. Il se retira en 1912, enseigna le chant et forma de nombreux élèves. Il avait été lui-même disciple de Duprez, âgé, avec qui il avait travaillé ... Guillaume Tell en italien ! Les ressemblances entre les deux chanteurs étaient nombreuses et Escalaïs était lui aussi un petit homme à la grande voix à qui il manquait 15 centimètres de taille ! Dans son répertoire figurèrent également Sigurd et Aïda et il créa Zaïre en 1890. Sa femme, Mme Lureau-Escalaïs, fit à ses côtés, une carrière remarquée.

Jean de RESZKE

On a dit de Jean de Reszké qu'il avait été le Caruso français. Cette comparaison ne vaut que pour donner une idée du prestige étonnant qui fut celui de ce chanteur durant sa carrière. Ainsi, lorsqu'il fut question qu'il partît pour une saison à Saint-Petersbourg, la presse de Paris se déchaîna contre le directeur de l'Opéra à qui elle reprocha de n'avoir pas su garder ce ténor et qui dut apporter un démenti formel. Les journalistes interviewèrent de Reszké pour lui arracher la promesse qu'il reviendrait en France. En 1890 de Reszké touchait des appointements de 15.000 Francs par mois, chiffre qui n'avait jamais été atteint par un artiste de l'Opéra ! C'était un homme magnifique, de grande taille, au geste large, à l'allure vaillante, qui mettait un art consommé dans la composition de ses personnages. Artiste profond et cultivé, il était détenteur de l'authentique tradition d'interprétation des ouvrages des grands compositeurs contemporains. N'avait-il pas côtoyé Massenet et reçu de Gounod lui-même les indications sur la façon de jouer Faust et Roméo ? C'est lui qui

fit croisade pour que les œuvres fussent chantées dans leur langue originale, et ce n'était pas un mince mérite en cette époque où la mode des traductions battait son plein. Quelle fut la vie de cet artiste exceptionnellement doué et tant admiré ?

Il naquit à Varsovie, en 1850, et y fit ses études de droit. Mais il se sentit irrésistiblement attiré par le chant et il s'en alla en Italie pour le travailler. Là, son professeur diagnostiqua qu'il était doté d'une voix de baryton et le prépara à chanter dans cette tessiture. En 1874 de Reszké put ainsi débuter au théâtre de la Fenice de Venise dans le rôle d'Alfonso de la Favorite. Pendant plusieurs saisons il mena une carrière de baryton et obtint de brillants succès dans Figaro du Barbier de Séville, Melitone de la Force du Destin, Germondo de la Traviata et même dans le Commandeur de Don Juan et dans Sparafucile

Jean de Reszké, Caruso français, fut la coqueluche de Paris.

de Rigoletto ! Voilà bien de quoi déconte- nancer ! : Comment avait-on pu se tromper à tel point sur la voix de celui qui possédait l'un des plus splendides organes de ténor de son temps ?

Le cas n'est pas unique. Certains sujets, tel Lays, ont bénéficié d'une longueur de voix exception- nelle. Qu'on leur conseille, à leurs débuts, d'uti- liser la partie centrale de leur registre, il n'y a rien de plus prudent que cela. A l'usage, le chan- teur lui-même se rendra ensuite compte de ses facilités réelles et déterminera son choix. A l'in- verse de Jean de Reszké, Massol, l'un des artistes préférés de Napoléon III [1] avait débuté à l'O- péra en 1825 dans le rôle du ténor de Licinius de la Vestale de Spontini, puis il s'était rendu compte que sa vraie voix était celle d'un baryton et il avait fait trente ans de carrière comme tel.

Sentant son timbre "ténoriser" de plus en plus, Jean de Reszké alla consulter Sbriglia, l'un des grands maîtres à Paris, et, en deux mois de travail, il se métamorphosa totalement. La tech- nique de la voix sombrée lui avait permis de con- quérir un aigu puissant ; ses dispositions natu- relles lui donnaient un médium et un grave de basse chantante ; il disposait d'une voix mixte de ténor léger. C'était un phénomène vocal ! Il fit des débuts brillants à l'Opéra en créant le Cid de Massenet, en 1885, œuvre sans avenir de la nouvelle Ecole Française. On put ensuite l'applaudir régulièrement pendant cinq années dans Faust, Roméo, le Prophète, l'Africaine, Aïda, Lohengrin, Don Juan etc... Puis il quitta la France et se produisit à Varsovie, à Saint Petersbourg, à Londres, et aux Etats-Unis. Mais il resta fidèle à l'Opéra de Paris et vint y créer Siegfried en 1901 et Paillasse en 1902. Son répertoire était immense et comportait encore : Herodiade, Othello, les Huguenots, Carmen, Werther, Manon, le Bal Masqué, la Damnation de Faust ainsi que les drames de Wagner.

---

1. Le 14 Janvier 1858, l'Empereur faillit perdre la vie dans l'attentat d'Orsini en se rendant rue Le Peletier à la représenta- tion d'adieux de Massol. C'est ce qui lui donna l'idée de faire construire un nouvel opéra pourvu d'accès largement dégagés ainsi que d'une entrée particulière pour son propre usage ; il en résulta le concours dont Garnier fut le lauréat. Mais l'Empereur n'eut pas l'occasion de profiter de cette salle car elle ne fut achevée qu'en 1875.

Ses compétences sur l'émission vocale et sa connaissance approfondie des ouvrages, déci- dèrent Messager et Broussan à le nommer direc- teur du chant de l'Opéra de Paris. Sa mission, qui n'était pas celle d'un chef de chant, consista à perfectionner les artistes, techniquement, et à leur indiquer la juste tradition d'interpréta- tion. Cette initiative mérite d'être soulignée car elle avait un grand intérêt. D'une part Jean de Reszké s'efforça d'implanter en France une mé- thode rationnelle d'émission vocale : combien de chanteurs, même célèbres, ne perdaient-ils pas leur voix ou ne chantaient-ils pas en dessous de leurs moyens réels faute de posséder le sup- port technique nécessaire ? C'était vrai à l'épo- que, cela le reste aujourd'hui. Jean de Reszké, par exemple, eut l'occasion de corriger beaucoup de voix "mal appuyées" donc incertaines, mal épanouies et sujettes à une fatigue prématurée. D'autre part, sur le plan de l'interprétation, il s'employa à transmettre le style voulu par Wagner, Gounod ou Massenet. "La plupart des ténors, disait-il, jouent Werther en hurlant d'un bout à l'autre de la pièce. Or il y a, dans cette partition, au moins une vingtaine de passages qui réclament la voix mixte." Pour lui, nuancer et pratiquer le chant contrasté constituait la base de l'art de l'interprétation. "Dans Wagner, ajou- tait-il le chanteur doit faire ressortir la mélodie." Nul ne sera surpris d'apprendre qu'après sa retraite, Jean de Reszké devint un professeur célèbre et qu'il compta de nombreux élèves con- nus parmi lesquels figura notamment le baryton Endrèze. Il mourut en 1925 laissant un nom que son frère Edouard, basse universellement répu- tée, l'avait aidé à rendre prestigieux.

Ernest VAN DYCK

C'est l'homme qui a révélé Wagner à Paris. Le génie allemand était mort depuis 1883, son festi- val de Bayreuth était devenu, à partir de 1876, un lieu de pélerinage mondial, alors que le public français, enfermé dans ses frontières et ses préju- gés, était resté dans l'ignorance totale de l'œuvre musicale lyrique la plus originale de tout le XIXème siècle ! Pourtant il n'avait tenu qu'à quelques danseuses que la France ne jouât, en 1861, le rôle de pays bienfaiteur qui fut celui de la Bavière plusieurs années après. En effet à cette époque, l'Empereur Napoléon III avait fait commande d'une représentation parisienne de Tannhäuser et Wagner avait beaucoup espéré qu'il trouverait en l'Opéra le temple où célébrer sa religion musicale. Par malheur, Wagner ayant refusé d'introduire dans son ouvrage le rituel ballet en usage à Paris, Messieurs les abonnés du Jockey-Club assouvirent leur rage de ne pas voir danser leurs maîtresses en montant une cabale acharnée et odieuse qui fit que Tannhäuser expira à la troisième représentation. Puis, pendant 30 années entières, Wagner se trouva "interdit de séjour" à Paris ! En 1865, au lieu de Tristan et Isolde, on créa l'Africaine à l'Opéra ! Quel recul de civilisation ! Néanmoins, à la fin du siècle, un puissant courant se manifesta dans certains milieux musicaux, en faveur de l'introduction en France de l'œuvre wagnérienne. Mais pour retourner une opinion "manipulée" et presque hostile encore, il convenait d'accoutumer le public à cette musique révolutionnaire par des séries de concerts où seraient donnés peu à peu des extraits ; de plus il était indispensable que l'interprétation fût profondément convaincante. Le chef d'orchestre Charles Lamoureux et le ténor Ernest Van Dyck furent les deux principaux artisans de cette entreprise.

Van Dyck était né à Anvers en 1861. Son père, industriel, voulait l'établir dans le notariat. Il vit d'un fort mauvais œil se manifester la passion de son fils pour la musique et pour le chant. Mais celui-ci négligea totalement ses études juridiques si bien que ses parents lui coupèrent les vivres. Il vint à Paris, étudia l'histoire et la littérature, puis eut des velléités de faire du journalisme. Mais en définitive sa vocation pour l'art lyrique l'emporta. Il travailla le chant, participa à des concerts à Bruxelles, fut encouragé par des maîtres tels que Gounod et Massenet, enfin il rencontra Charles Lamoureux. Les trois années passées avec ce chef d'orchestre, de 1884 à 1887 furent déterminantes pour Van Dyck qui devint maître de sa voix, approfondit ses connaissances musicales et conquit le public des concerts par ses interprétations d'extraits de Lohengrin, de la Walkyrie et de Tristan. En 1887 Lamoureux lui confia le rôle de Lohengrin dans l'exécution intégrale de l'œuvre à l'Eden, initiative sans len-

demain car elle avait suscité une violente opposition. Van Dyck, très déçu, se mit à douter de son avenir. Mais la veuve de Wagner, Cosima, avait entendu parler de lui et demanda à le voir. Quand elle l'entendit, elle s'écria "voilà mon Walther idéal !" et elle l'engagea pour chanter les Maîtres Chanteurs à Bayreuth six mois plus tard en 1888. Van Dyck se mit à travailler avec acharnement la partition ainsi que la langue allemande dont il ignorait tout. Lorsqu'il fut au point, il apprit qu'on lui retirait ce rôle, et qu'à la place on lui attribuait celui de Parsifal ! Il dut l'apprendre en six semaines ! Mais ce fut un succès tel qu'il chanta Parsifal à Bayreuth jusqu'en 1912.

En 1888 il avait également signé un contrat de dix ans avec l'Opéra-Comique de Vienne. Il fit connaitre à l'Autriche le répertoire français, créant Werther, avant même qu'il ne fût représenté à Paris, jouant Manon, la Navarraise, et incarnant Roméo plus de cent fois. On le retrouva à Paris le 16 Septembre 1891 pour créer Lohengrin, au Palais Garnier, sous la direction musicale de Charles Lamoureux. Cette représentation souleva une véritable émeute sur la place de l'Opéra et dans la salle les anti-wagnériens jetèrent des boules puantes ! Mais qu'importait, la bataille fut quand même gagnée ! Van Dyck poursuivit sa croisade en créant la Walkyrie en 1893, Tannhäser, enfin réhabilité, en 1893, le Crépuscule des Dieux en 1908, l'Or du Rhin en 1909, et en reprenant Tristan et Isolde en 1905 derrière Alvarez, ainsi que Parsifal en 1914 derrière Paul Franz. Tous ces ouvrages furent donnés dans des traductions suivant l'usage enraciné à l'Opéra de Paris.

Suivant les témoignages des contemporains de Van Dyck, c'étaient sa sûreté de diction, sa parfaite compréhension de la musique wagnérienne et sa justesse dans l'expression dramatique, qui, plus que sa voix elle-même, rendaient irremplaçable son talent d'artiste. Il savait rendre les personnages pathétiques. Il s'engageait à fond dans ces sortes de compositions. Fin lettré, artiste érudit, il étudiait sans cesse. Il fut également l'ambassadeur de Wagner et des compositeurs français pendant ses tournées aux Etats-Unis. Professeur au Conservatoire de Bruxelles, il mourut en 1923.

Van Dyck importa en France le répertoire Wagnérien.

Edouard et Jean de Reszké
dans le Cid de
Massenet

7

L'AGE D'OR DES TENORS FRANCAIS

UNE ECLOSION DE TENORS

On a tendance à traiter de "passéistes" ceux qui prétendent que la période qui s'est écoulée entre la fin du XIXème siècle et la guerre de 1914 a été celle de l'âge d'or pour le chant français. Et pourtant ils ont probablement raison. Certes, chaque génération à l'Opéra a disposé de brillants ténors dans sa troupe mais elle a rarement compté plus d'une ou de deux célébrités à la fois. Ainsi entre 1800 et 1850 Nourrit père et fils, puis Duprez, Roger et Gueymard ont-ils apporté la quintessence de ce que le public pouvait apprécier (1). Cela représente 5 sujets exceptionnels pour 50 ans. En revanche pendant les 25 années des alentours de la "Belle Epoque" la troupe de l'Opéra a possédé une bonne dizaine de ténors au talent éblouissant que l'on qualifierait aujourd'hui d' "international". Il suffit de rappeler les noms d'Escalaïs, de Reszké, de Van Dyck, de Duc et d'ajouter ceux d'Alvarez, de Saléza, d'Affre, de Scaremberg, de Muratore, de Franz (2), etc... pour constater que cinq ténors au moins se trouvaient capables de chanter admirablement les rôles wagnériens et dix Samson ou Aïda ! Oui, ce fut bien un âge d'or.

LES DIFFERENTES CATEGORIES DE VOIX

Une telle profusion de chanteurs incite à chercher à éclaircir le délicat problème de la classification des voix des ténors. Combien en existe-t-il de catégories et en quoi consistent-elles ? Traditionnellement, en France, on les répartit en 3 groupes : les ténors légers (Almaviva du Barbier de Séville), les demi-caractères (Faust), les forts-ténors (Othello). Mais, dès que l'on pousse l'analyse plus avant, cette division se révèle insuffisante car il surgit d'innombrables exceptions. Par exemple, Arnold de Guillaume Tell ou Lohengrin sont-ils demi-caractères ou forts-ténors ? On a donc cherché à élargir le

---

(1). On ne citera ni Rubini ni Mario car, malgré leur immense renommée ils doivent être rattachés aux Italiens et non pas à l'Opéra de Paris.

(2). On pourrait citer encore : Cossira, Laffitte, Rousselière, Vaguet, Dubois, Feodoroff, Muratet, Altchewsky, Campagnola,.... sans épuiser pour autant le sujet.

champ d'investigation en puisant dans la terminologie du passé ou dans celle des langues étrangères et l'on a ainsi parlé des hautes-contre (ténors légers aigus), des lyrico-spinto (voix à la quinte aiguë brillante), des heldenténors (répertoire Wagnérien), etc. Malgré cela, les dérogations et les cas particuliers continuèrent à foisonner : Walther des Maîtres Chanteurs était-il bien un heldenténor, Manrique du Trouvère un lyrico-spinto, et Orphée une haute-contre ? On pouvait en discuter à l'infini. A la vérité, on se rendit compte qu'il existait pratiquement autant de types de ténors qu'il y avait de personnages différents dans le répertoire et même que certains rôles (comme Faust) auraient mérité d'être tenus suivant les actes par plusieurs ténors distincts ! Inversement certains artistes pouvaient aborder tour à tour des emplois situés aux extrêmes opposés, tels Siegfried et Ottavio de Don Juan(1)et se trouvaient donc rigoureusement inclassables. Etait-ce à dire que l'on dû renoncer à chercher des critères généraux ? Non, car l'on a pu se référer à trois points de repère essentiels :

1) — **La tessiture** : c'est la partie du registre où la voix s'émet avec le maximum de facilité. La longueur théorique d'une voix de ténor couvre deux octaves, allant du do grave au contre-ut. On peut y considérer trois zones :

le grave, situé du do grave au sol,
le médium, du la au fa,
l'aigu, du sol au contre-ut.

Il s'agira, pour commencer une analyse, de déterminer dans quelles zones le sujet évolue le plus aisément. Ce pourront être les unes ou les autres, groupées ou isolées suivant les cas. Mais on saura par exemple que pour aborder le rôle de Siegmund un chanteur devra posséder un grave et un médium développés pour celui d'Arnold une quinte aiguë éclatante, etc.

2) — **La puissance** : elle se mesure en décibels et varie, pour les voix d'opéra entre 100 et

_____
(1). cf. Jean de Reszké.

130 décibels. Plus la salle sera grande, plus l'orchestration sera étoffée, plus l'exigence de puissance comptera. La plupart des rôles de Wagner auront besoin des 130 décibels, alors que ceux de Mozart se satisferont de beaucoup moins.

3) — **La voix mixte** : c'est cette faculté que possèdent certains ténors de chanter "piano" en restant sur le timbre de poitrine (c'est-à-dire sans recourir au fausset) tout en produisant des sonorités douces et suaves. La voix mixte permet de pratiquer le "chant contrasté" qui embellit considérablement l'interprétation du répertoire. Elle est strictement indispensable aux ténors légers. Grâce à elle certains ténors "de force" sont capables de tenir des emplois ou la souplesse et la suavité de la voix sont mises, tels Orphée, Ottavio, etc.

Voilà trois éléments d'importance capitale. Les différentes combinaisons qui interviennent entre eux guident les artistes pour un choix judicieux de leur répertoire. Gare aux erreurs d'appréciation car la longévité vocale s'en ressent directement. Que de ténors perdent leur voix prématurément pour s'être trompés d'emplois !

Combien de tessitures, de décibels et de timbres mixtes chez les splendides ténors qui firent sonner leur voix entre 1890 et 1914 dans l'immense salle du Palais Garnier où, depuis 1875, l'Opéra de Paris s'était transporté.

QUELQUES ARTISTES DE L'AGE D'OR

— Albert ALVAREZ

Il naquit à Bordeaux en 1861 sous le nom d'Albert-Raymond Gourron. Il se sentit la vocation artistique et il entra au régiment à l'âge de 18 ans comme musicien, toute son ambition se bornant à devenir un jour chef de clique. Mais il éprouva quelques déboires dans l'armée et après avoir recouvré sa liberté, il se présenta au Conservatoire de Paris où il ne fut pas admis ! Pour vivre, il trouva un emploi de piston dans un orchestre. Mais ce brave piston chantait le matin en se rasant et sa voix était si belle que ses voisins ne manquèrent pas de le remarquer. L'un d'entre eux le mit en relation avec un professeur

de chant ... Et voilà comment l'impulsion première fut donnée à une des plus belles carrières de ténors de l'Opéra, en 1887. Quelques mois
plus tard il débuta à Gand dans Carmen. Le soir
de la représentation, en se rendant au théâtre, il
découvrit avec étonnement que son nom ne
figurait pas sur l'affiche. Contrarié, mais timide,
il n'en dit rien. A la seconde représentation,
même mystère : pas de Gourron sur l'affiche.
C'était inadmissible ! N'avait-il pas, de surcroît,
obtenu un franc succès à la première ! Il alla
se plaindre au directeur qui lui répondit "Vous
êtes bel et bien affiché depuis le début ! Mais
vous n'imaginiez tout de même pas qu'aux côtés
de Carmen et d'Escamillo, j'allais mentionner
Gourron ! Non, je vous ai baptisé Alvarez. Voilà
qui sonne bien, et si vous m'en croyez, vous
garderez précieusement ce pseudonyme." Gourron trouva le conseil judicieux et demeura
Alvarez. Il fit des tournées en province, se produisant notamment à Lyon et à Marseille. Puis
l'Opéra de Paris le remarqua et l'engagea pour
chanter Faust en 1892. Pendant 20 années on
le vit sur la scène du Palais Garnier où peu à peu
sa voix acquit ampleur et solidité. Aussi chanta-
t-il Roméo, Lohengrin, Samson, la Walkyrie,
Tannhaüser, Aïda, la Favorite, Sigurd, les
Huguenots, le Prophète, le Cid, Othello, le
Trouvère, remportant chaque fois beaucoup
de succès. Il fut à tel point apprécié qu'on lui
confia le rôle de Walther pour la première des
Maîtres Chanteurs de Wagner à Paris en 1897, et
celui de Tristan pour la création de l'ouvrage en
1904. Ce n'était pas un mince mérite que d'être
choisi à la place d'un de Reszké ou d'un Van
Dyck ! Au Palais Garnier, encore, il avait participé à la première distribution de Thaïs de
Massenet, dans le rôle de Nicias, en 1894. Il
chanta à l'Opéra-Comique, à Monte-Carlo, à
Lisbonne, à Londres, en Allemagne, aux Etats-
Unis, où, avec sa voix puissante, sa grande taille
et son visage noble, il incarna à merveille les
rôles dits de "stature". Certains lui reprochèrent
d'être un musicien peu respectueux des partitions : mais que n'aurait-on pas pardonné à un
timbre aussi riche ? Il mourut en 1933.

Saléza créa Othello au Palais Garnier, à la demande de
Verdi lui-même. ▶

— Albert SALEZA

Sa voix aux accents passionnés et tragiques
l'amena à tenir à peu près les mêmes emplois
qu'Alvarez. Il possédait un authentique tempérament pathétique et il faisait partie de cette race
d'artistes que l'on a baptisée celle "des monstres
sacrés". Aussi quand Reyer créa son opéra
Salammbô en 1892, imposa-t-il à la direction
d'attribuer le rôle de Matho à Saléza lequel fit
ainsi des débuts pleins de panache au Palais
Garnier. De même, Verdi en personne, le désigna
pour incarner Othello lors de la représentation
à Paris de son drame lyrique, en 1894, dans la
version française d'Arrigo Boïto et de du Locle.
Le vieux maître italien n'eut pas à s'en repentir
car beaucoup de gens préférèrent le charme et la

- Saleza -

sincérité que déployait Saléza, aux excès toni-truants du célèbre Tamagno créateur de l'œuvre en Italie. Il se produisit partout dans le monde : en province, en Belgique, à Monte-Carlo, à Londres, à New-York, à Chicago, et ce fut pour interpréter un vaste répertoire incluant le Roi d'Ys, Roméo, les 2 Faust, Sigurd, le Cid, les Huguenots, Aïda, la Bohème, Carmen, Lucie de Lammermoor, la Walkyrie, Tannhaüser ... Mal-heureusement il éprouva des problèmes de santé et vécut dans un état de trac permanent car grande était son appréhension de perdre sa voix.

Il dut souvent s'arrêter, déclarer forfait. Ses déceptions furent aussi nombreuses que ses triomphes. Sa grande carrière ne dépassa pas une dizaine d'années. Il était né dans les Pyrénées en 1867. Il mourut en 1916.

— **Agustarello AFFRE**

Parallèlement à sa carrière à l'Opéra, Affre profita de l'opportunité qu'il eut d'enregistrer une quantité considérable de disques englobant la plus grande partie de son répertoire et conte-

Léon Campagnola avait appris tout seul à chanter. Son idole était Caruso.

60

nant, fait remarquable pour l'époque, les "intégrales" de Faust et de Roméo et Juliette. Si son physique était ingrat, son timbre de voix, lui, était d'une grande beauté. Ne raconte-t-on pas qu'on le faisait chanter, caché derrière un rideau, dans les grandes réceptions mondaines à Paris ? Ce ténor a joui d'une grande popularité. Il avait débuté à l'Opéra de Paris en 1890 dans Edgard de Lucie de Lammermoor. Puis après avoir chanté un certain temps des seconds-premiers

rôles, tels Léopold de la Juive, Tybalt de Roméo, Laerte dans Hamlet, Ruodi dans Guillaume Tell, etc... il devint titulaire des grands emplois et se produisit notamment dans : la Favorite, les Huguenots, Aïda, Faust, Samson, l'Africaine, Sigurd etc... En dépit de son répertoire principal qui était lourd, c'est lui qui joua le personnage léger de Belmonte lors de la création de l'Enlèvement au Sérail de Mozart au Palais Garnier en 1903.

Il ne faut pas manquer de citer Emile Scaremberg ainsi que Léon Campagnola qui firent des apparitions courtes mais remarquables à l'Opéra, le premier ayant débuté en 1903, le second 1910.

Emile Scaramberg dans Lohengrin.

Grand comédien, Muratore, fut un saisissant Samson.

— Lucien MURATORE

Il fut ce que l'on appellerait aujourd'hui un "surdoué". Au Conservatoire de Marseille, sa ville natale, il obtint, à l'âge de 9 ans le prix de solfège et, à 17 ans, 6 prix de musique et simultanément un prix de comédie et de tragédie. Il se lança alors dans le métier d'acteur, débuta au Théâtre des Variétés de Marseille, créa la Dame de chez Maxim's aux Nouveautés, enfin entra à l'Odéon où il joua aux côtés de Sarah Bernhardt et de Réjane. Il était devenu un comédien connu et apprécié. Mais voilà qu'il se découvrit soudain une voix de baryton. Sans hésiter, il abandonna tout. Il entra au Conservatoire de Paris dans une classe de chant. Il travailla avec le ténor Vergnet, créateur de Samson à l'Opéra de Paris, et sa voix se révéla être celle d'un fort ténor. Il n'hésita pas à quitter le Conservatoire, en plein cycle d'études, dès qu'il considéra qu'il n'avait plus rien à

Lucien Muratore fit en 1918 une tournée triomphale aux Etats-Unis où il chanta les hymnes nationaux.

y apprendre. D'ailleurs sa nouvelle carrière se déroula très brillamment. En 1903 il fut engagé à l'Opéra-Comique, et en 1905 à l'Opéra. Grâce à sa voix large, souple, dotée d'un joli timbre mixte, ainsi qu'à son talent de grand comédien il se tailla de grands succès auprès du public. Et comme au surplus sa culture musicale lui rendait aisément accessibles les partitions des compositeurs modernes, il devint la coqueluche des milieux lyriques. On le surnomma "le divin Muratore", on écrivit qu'il était "le ténor indispensable de la musique moderne" ! Il se lia d'amitié avec Massenet, Reynaldo Hahn, Saint-Saens, Vincent d'Indy. Le nombre de ses créations d'œuvres nouvelles fut considérable. Il n'est que de citer, outre Monna Vanna d'Henry Février (1909), Fervaal de Vincent d'Indy (1913), et Pénélope de Gabriel Faure (1913), qui furent ses plus grands titres de gloire, la Carmélite de Reynaldo Hahn, Muguette d'Edmond Missa, Ariane de Massenet, Bacchus de Massenet, Dejanire de Saint-Saens, et, bien entendu, Salomé de Richard Strauss (1910). Mais il ne négligeait pas le répertoire. Au Palais Garnier, il incarna remarquablement Faust, et il chanta aussi les Maîtres Chanteurs, Rigoletto, Roméo, Aïda etc.

Quant à l'Amérique elle le reçut à bras ouverts. Aux Etats-Unis il loua dans un train un appartement entier afin d'y habiter à demeure, pendant ses tournées mémorables de 1918 ! Il chantait alors la "Marseillaise" et la "Bannière Etoilée" d'une façon qui galvanisait les foules. Puis il revint à Paris et fit une rentrée triomphale à l'Opéra dans Samson. Jusqu'en 1936 il continua à se produire sur la scène. Il s'intéressa à tout, à la mise en scène, au cinéma "chantant", aux variétés, à l'enseignement du chant. Partout, il réussit. Vraiment, Lucien Muratore était un surdoué. Par quel sens étonnant du paradoxe ou par quel subit accès de candeur cet homme supérieur se trouva-t-il poussé lorsqu'il acccepta le poste de directeur de l'Opéra-Comique à la fin de l'Occupation Allemande, quelques semaines avant la Libération de Paris ? A l'époque où le moindre bon sens dictait de fuir les responsabilités, il se jeta à la tête de la salle Favart en état de grande euphorie "Je veux pouvoir mettre en pratique tout ce qui a été ma carrière, écrivit-

il alors : chant, comédie, mise en scène, décors, costumes, lumières, musique, tout, enfin, qui fait du théâtre lyrique le plus complet qui soit" Et il ajouta "Je veux faire partager à tous mon enthousiasme." Cela ne dura guère. Nommé le 15 Avril 1944, il fut suspendu par arrêté du 1er Septembre de la même année. Il mourut en 1954 à l'âge de 77 ans.

Vaguet dans Tannhaüser

8

L'EPOQUE FASTE DE JACQUES ROUCHE

— LA TROUPE AU SERVICE DU REPERTOIRE

La nomination de Jacques Rouché à la tête de l'Opéra se situa à l'époque de la déclaration de la Guerre de 1914. Aussi n'est-ce qu'après l'Armistice de 1918 que le nouveau directeur put montrer toute son envergure. On a usé à son égard des épithèques les plus brillantes : monarque, novateur, mécène...

Rien ne fut plus justifié, car jusqu'en 1944 il conduisit le Palais Garnier à un état de prospérité artistique rarement atteint. Il poursuivit la politique de ses prédécesseurs, Pedro Gailhard et André Messager, consistant à introduire dans le répertoire les chefs-d'œuvre étrangers. Il afficha ainsi, la Traviatia de Verdi (1926), Turandot de Puccini (1928), Fidelio de Beethoven (1926), le Chevalier à la Rose de Richard Strauss (1927), le Vaisseau Fantôme de Wagner (1935). Il fit de nouvelles présentations de Don Juan, de la Flûte Enchantée et de l'Enlèvement au Sérail de Mozart. Il monta de brillantes reprises des grandes œuvres françaises classiques et romantiques : Alceste de Gluck, Castor et Pollux de Rameau,

Guillaume Tell de Rossini, les Huguenots de Meyerbeer ... Il célébra avec éclat les anniversaires des chevaux de bataille du répertoire : la 500ème de Rigoletto, la 2.000ème de Faust, la 500ème de Lohengrin, la 100ème de Tristan et Isolde etc... Enfin Jacques Rouché favorisa largement les créations d'ouvrages de l'Ecole Française : les Troyens de Berlioz, Hérodiade de Massenet (1921), Marouf de Rabaud (1930), Esclarmonde de Massenet (1923), le Jardin du Paradis de Bruneau (1923), Ariane et Barbe-Bleue de Dukas (1935) etc. Il introduisit à l'Opéra le décor peint à la place du naturalisme du trompe l'oeil. Bien entendu, il entretint avec soin le culte de Wagner dont les drames, joués très régulièrement, devinrent l'une des poutres maîtresses du répertoire du Palais Garnier. Par voie de conséquence, le ténor Wagnérien fut un des éléments indispensables de la Troupe.

La Troupe de l'Opéra, quelle institution ! Non seulement elle réunissait une soixantaine de chanteurs français éminents groupant toutes les catégories de voix mais elle faisait office d'Ecole de Chant et de Conservatoire des traditions de style et d'interprétation. Dans la Troupe on se transmettait un flambeau qui avait été allumé à l'époque des tragédies-lyriques de Lully et dont la flamme s'était trouvée entretenue au cours des générations. Ainsi pratiquait-on une diction française impeccable. Quelles que fussent ses origines méridionales ou populaires, tout chanteur assimilé par la Troupe devait acquérir la large déclamation et la netteté d'articulation d'un authentique tragédien. On vouait respect et admiration à la langue française seule en usage à l'Opéra. Les disques permettent de s'en rendre compte : Que l'on écoute les enregistrements de Franz, Thill, Ansseau, De Trévi, Verdière, Luccioni, Jouatte, etc... Chez chacun de ces ténors se retrouvent les mêmes intonations : noblesse du phrasé, diction parfaite, art consommé de mettre en valeur les mots. En plus au cours des générations, la troupe avait "stocké" les styles appropriés à chacun des ouvrages. Les chefs de chant en étaient les meilleurs détenteurs. A la vérité il existait une sorte de "mémoire" générale répandue sur tous les sujets de la Troupe groupés ainsi comme dans un vaste ordinateur. On avait perdu l'habitude ancienne d'attribuer les rôles, en une sorte de pleine propriété, à certains artistes qui en restaient titulaires durant toute leur carrière. Cependant il avait subsisté un sens de la hiérarchie très marqué entre les différentes générations. Les jeunes considéraient leurs aînés avec déférence et recevaient volontiers de leur part des conseils sur l'émission vocale, sur l'interprétation des rôles ou sur la façon de mener leur métier de chanteur. Une fois l'artiste intégré à la Troupe, point de souci pour son avenir matériel : les appointements, les engagements, les prises de rôles etc. tout se trouvait organisé par cette grande Machine aux rouages parfaits. Il ne lui restait plus qu'à chanter et à se consacrer à son art. Enfin c'était un honneur, une sorte de titre de noblesse que d'appartenir à l'Opéra et nul ne manquait une occasion de se vanter de son "sang bleu" en annonçant : "Je suis M. X... de l'Opéra" comme si son nom avait comporté une particule.

— LES TENORS DE LA MAISON

Cette époque a été très riche en grandes voix de ténor. La seule Troupe de l'Opéra de Paris réunissait probablement autant de sujets exceptionnels que peut le faire aujourd'hui le "marché" international pris dans son ensemble ! Et chacun de ses membres était imprégné de l'esprit de la Maison.

— Paul FRANZ (Franz Gauthier dit)

Lorsque cet amateur, qui s'amusait çà et là à "pousser une note" s'était inscrit au Concours de chant organisé par la revue Comœdia, il était à mille lieues de se douter qu'il remporterait un prix, qu'il serait sur-le-champ engagé par Messager et Broussan directeurs de l'Opéra, et qu'il couvrirait une carrière lyrique de 30 ans en étant considéré comme le plus grand ténor français de son temps... Mais n'est-ce pas là le conte de fée habituel ? Il débuta par Lohengrin en 1909 et jusqu'en 1930 fut à peu près le seul, au Palais Garnier, à supporter le poids de l'intégralité du répertoire Wagnérien. "Qu'il soit malade écrivait-on en 1929, plus de Siegfried ni de Tristan, ni de Crépuscule des Dieux, ni de Parsifal." C'était lui et non pas Van Dyck qui avait eu la gloire de créer Parsifal à Paris en 1914. Il possédait toutes les qualités d'un heldenténor : un grave et un médium d'une puissance insolente, contrôlés par une parfaite technique qui l'autorisait à chanter, sans fatigue, des heures durant. Thomas Salignac, éminent spécialiste, qui connaissait bien Franz a parfaitement analysé le talent de cet artiste : "C'est merveilleux que d'entendre cet ample et chaud organe à l'inépuisable richesse. Il fait, techniquement, des choses de haut intérêt. Au final du premier acte de Tannhäuser, il éclaircit ses sons tout en leur gardant leur appui, obtenant ainsi la clarté nécessaire. Que l'on observe sa judicieuse fermeture des sons dès le début des mi. Sa voix chaude dans le médium, a, dans le grave, une ampleur que bien des barytons peuvent lui envier". Mais pour comble de chance, Franz était doté de surcroît, de la quinte aiguë du grand romantique. "Avec Franz, nous retrouvons l'allure des grands forts-ténors d'autrefois ; sa voix résonne superbe, lançant d'une magnifique plénitude, les la, les si-bémols et les si". Enfin,

Franz brilla dans Tristan et Isolde ainsi que dans tout le répertoire Wagnérien.

Franz avait accédé à une grande maîtrise dans la déclamation : "Sa déclamation est vigoureuse, sa nette articulation accentue parfaitement le texte, sa diction est large".

Thomas Salignac ne perdit aucune occasion de clamer son enthousiasme. Tous ceux qui approchèrent Franz en firent autant. Jamais ils n'avaient entendu de voix de ténor de pareille envergure. Que ne chanta-t-il pas jusqu'à sa représentation d'adieu ? Samson, Othello, Sigurd, les Huguenots, les Troyens, Hérodiade, dont il fut le créateur à l'Opéra, la Juive, Aïda, la Damnation de Faust, Faust, Roméo et Juliette etc. Il fit de nombreuses créations d'œuvres contemporaines tels Esclarmonde, le Jardin du Paradis, la Tentation de Saint-Antoine etc. Il se produisit au Covent Garden de Londres. Il s'en alla en tournées en Amérique du Sud, mais pour l'essentiel de sa carrière, il chanta à Paris. *Il fut de 1909 à 1938 le grand ténor du Palais Garnier.*

Toutefois il serait dommage que sous l'effet de l'admiration pour la voix du chanteur l'on se créât une image statufiée et impersonnelle de l'homme qui était gros au point d'être énorme, débonnaire, sympathique, plein d'humour et qui maniait le crayon avec une verve dont il tirait les caricatures les plus drôles.

Franz, puissant heldenténor, faisait des caricatures pleines d'humour où il se moquait souvent de lui-même (à gauche).

— John O'SULLIVAN

Malgré son nom et ses orgines irlandaises John O'Sullivan figure parmi les authentiques ténors français. Il vint très jeune en France et suivit ses études musicales au Conservatoire de Paris, comme élève de Masson. Après avoir fait ses premières armes à Genève en 1912, il fut engagé au Palais Garnier au moment de la déclaration de la Guerre. Il y eut alors deux années creuses, puis la vie reprit peu à peu et Sullivan qui avait débuté par les Huguenots se fit entendre dans Guillaume Tell, Sigurd, la Favorite, le Trouvère, Roméo, Rigoletto, Samson, Aïda, etc. Cette énumération est révélatrice de la tessiture de Sullivan. Il disposait comme Escalaïs d'un épanouissement éclatant de la quinte aiguë, et il pouvait aborder sans fatigue les rôles d'Arnold, de Raoul ou d'Eleazar. Ceci mérite d'être retenu : Sullivan fut dans la Troupe, le seul véritable interprète de l'opéra romantique. Alors qu'il y aura après Franz 5 ou 6 heldenténors, Sullivan, lui, n'aura pas de successeur. Il faudra attendre 1954, pour que, avec Tony Poncet, la France dispose à nouveau d'un ténor vraiment capable de chanter Guillaume Tell. Ainsi vit-on briller Sullivan à l'occasion des reprises de Guillaume Tell, des Huguenots et de la Juive montées par Jacques Rouché. Naturellement le talent de Sullivan débordait ce répertoire : il interpréta les deux Faust, les Troyens, Hérodiade, Lohengrin, Tannhäuser et parcourut le monde, allant en particulier, en Italie, à Chicago et en Amérique du Sud. Il a gravé quelques disques qui, pour ne donner qu'un reflet approximatif de sa voix, n'en expriment pas moins sa splendide vaillance dans l'aigu. Il mourut en 1955.

— Fernand ANSSEAU

En revanche, les enregistrements d'Ansseau sont très révélateurs de la qualité de son timbre et de sa maîtrise en matière d'émission vocale. On y voit qu'Ansseau était le type même du "fort demi-caractère" avec un large médium et un bel aigu, qu'il pratiquait une technique élaborée destinée à protéger sa voix et à lui permettre de chanter longtemps et sans fatigue, et

enfin qu'il était doté d'une voix mixte des plus moëlleuses. Ceci explique son répertoire : d'une part Hérodiade, Paillasse, la Damnation de Faust, Roméo, Lohengrin, Samson, Monna Vanna, Tannhäuser, et d'autre part Alceste et Orphée. Ce dernier rôle est considéré comme typiquement réservé à une haute-contre. Or Ansseau, à l'aide de son timbre mixte était parfaitement à l'aise pour exprimer la grâce d'Orphée et les nuances délicates de ses sentiments. De plus, en utilisant la couverture des sons, il ne se fatiguait pas dans les nombreux passages de haut médium qui "tirent" sur la voix. Ansseau naquit en Belgique, près de Mons en 1890. Il était le fils du sacristain-organiste. Enfant on lui fit chanter messes et vêpres. Mais il se destinait à devenir typographe. Cependant quand il eut 17 ans, son curé l'encouragea à se présenter au Conservatoire de Bruxelles. Il y entra et travailla pendant deux ans dans le registre de baryton. Puis sa voix s'éclaircit. Il aborda la tessiture de ténor dans laquelle trois années encore il poursuivit ses études de chant. En 1913 il était prêt à s'engager dans une carrière d'artiste. Il débuta à Dijon dans le rôle de Jean d'Hérodiade, et joua ensuite Don José, Sigurd, Faust et Julien.

Mais la guerre interrompit bientôt cette activité lyrique. Pour l'Armistice, en 1918, il eut l'honneur de faire la réouverture de la Monnaie de Bruxelles dans la Muette de Portici. Ce fut une soirée grisante. En proie à l'euphorie de la Victoire, le public explosa littéralement d'enthousiasme lorsqu'Ansseau entonna avec le baryton Albers, le duo "Amour sacré de la patrie". En 1919 le Covent Garden de Londres se l'attacha pour une saison où il chanta Faust, la Tosca, Louise, Paillasse, Roméo, souvent aux côtés de Nellie Melba. C'est alors que le chef d'orchestre Albert Wolff, toujours en quête de talents nouveaux pour enrichir l'Opéra-Comique, fit venir Ansseau à la Salle Favart. Il y tint les rôles de Werther, de Don José, de Des Grieux. Mais surtout, il parut dans Orphée. Ce fut la révélation de l'année 1922. Tout Paris se précipita pour admirer un Orphée tel que jamais on n'en n'avait entendu, viril, puissant, plein de charme ; rien en lui n'était comparable avec les interprétations des contraltos qui avaient tenté de remplacer celles des castrats.

Cela ne pouvait manquer d'attirer l'œil et l'oreille de Jacques Rouché, et on vit bientôt apparaître Ansseau dans Hérodiade sur la scène du Palais Garnier en 1922. Pendant plusieurs saisons, Ansseau partit en tournée en Amérique. Mais il se lassa des voyages et à partir de 1926 il organisa sa carrière entre Paris, Bruxelles et la Province. Il est probable qu'il fut le meilleur Lohengrin français de sa génération. Le rôle semblait écrit pour lui. Bel homme, plein de prestance, il y faisait sonner son timbre à la riche et chaude étoffe, aux nuances subtiles, et jamais il n'accusait la moindre fatigue au cours de cette longue partition. Ansseau jouissait d'une sécurité vocale permanente. Il est amusant de lire sa correspondance avec Jacques Rouché. On y voit les cachets se "marchander", Ansseau disant par exemple : "Cette année j'accepte de faire un effort et je vous consens un rabais de 25 % !". En revanche, sur l'attribution de ses rôles, il se montrait intraitable. Il savait par exemple que Samson le fatiguait moins que Roméo ; il se refusait à débuter la saison par la Damnation de Faust et exigeait à la place Hérodiade, etc. Ansseau donna sa représentation de retraite en 1940. Il enseigna alors au Conservatoire de Bruxelles.

— Miguel VILLABELLA

De même qu'O'Sullivan l'Irlandais, Miguel Villabella l'Espagnol fut un pur produit français. Issu du Conservatoire de Paris, ce champion de patin à roulettes devient très vite un des artistes favoris de la Salle Favart. Nul ne savait mieux que lui filer les notes ni passer de poitrine en fausset sans le moindre hiatus. Il avait un timbre frais, un aigu aisé, une allure juvénile. C'était un ténor de charme. Rien ne lui convenait mieux que le répertoire léger de l'Opéra-Comique. Cependant l'ambition le tenaillait. N'était-ce pas seulement au Palais Garnier que les grands chanteurs trouvaient leur consécration ? Jacques Rouché était un homme trop avisé pour refuser un artiste aussi populaire, et Villabella prit donc un jour le visage du Dr. Faust. On ne saurait dire que ce rôle, assez pesant pour lui convenait à sa voix de manière

idéale. Mais il y déploya son pouvoir de séduction ; son contre-ut, dans la Cavatine, en fausset musclé puis filé, charma ; bref, il plut au public. Il chanta également la Traviata et Rigoletto. Il s'attaqua même à Roméo.

C'est à lui, bien entendu, que l'on confia les personnages d'Almaviva et d'Ottavio lors des reprises du Barbier de Séville et de Don Juan. Mais que d'efforts à développer pour que sa voix sonnât dans l'immense salle de l'Opéra alors qu'il ne disposait pas des 130 décibels d'un Franz ou d'un Sullivan ! Fort de sa notoriété, Villabella se permettait de temps en temps quelques incartades d'un goût plus ou moins douteux. N'annonça-t-il pas froidement, un jour de 1934, au directeur du Casino de Cannes, après le deuxième acte du Barbier de Séville, qu'il ne reviendrait en scène pour le troisième acte, qu'à la condition d'avoir son cachet augmenté de façon substantielle ? Le directeur préféra annuler la représentation et rembourser le public plutôt que de céder à un pareil chantage ! Dès le début de la guerre de 1939, Villabella cessa de se produire à Paris. Il mourut en 1954.

— José de TREVI

Quand le rideau se baissa sur le finale de Siegfried, le 20 Décembre 1930, Jacques Rouché dut pousser un soupir de soulagement et de satisfaction. N'y avait-il pas de quoi être inquiet quand on savait que les musiciens de l'orchestre avaient parié entre eux que le nouveau ténor n'arriverait pas au bout de la représentation ? N'était-ce pas un sujet de joie que de constater que la Troupe de l'Opéra venait de s'enrichir d'un véritable heldenténor et que Franz, seul sur la brèche dans les rôles Wagnériens depuis la fin de la guerre, connaîtrait enfin quelque répit ? Comme d'habitude dans l'histoire des ténors, rien ne permettait de prévoir qu'une destinée glorieuse était réservée à José de Trévi sous les traits de Lohengrin, de Tannhäuser, de Walther, de Siegfried, de Siegmund et de Tristan.

Il était né en Belgique en 1890. Dans son éducation on n'avait pas négligé de lui apprendre le solfège et la flûte. Mais on le destinait à devenir ingénieur des mines. Toutefois, adolescent, il révéla qu'il avait un joli timbre de voix. Fanny

José de Trévi dès ses débuts dans Siegfried se révéla être le successeur de Franz.

Heldy, son amie d'enfance, le dirigea sur son propre professeur Yvonne Lefébure. Cette dernière le fit travailler et le présenta à Ernest Van Dyck qui enseignait au Conservatoire de Liège. C'était en 1908. Pendant 6 années José de Trévi suivit l'enseignement du célèbre interprète Wagnérien. En 1911 il débuta dans Faust et dans le rôle de Raoul des Huguenots. Mais, quel paradoxe ! Van Dyck lui déconseilla formellement le répertoire de fort ténor et l'orienta vers l'Opéra-Comique et ... l'opérette ! C'est ainsi que José de Trévi mena pendant près de 20 ans une carrière de ténor léger ! Il chanta les rôles Mozartiens, la Dame Blanche, le Pré aux Clercs, le Jongleur de Notre-Dame, la Belle Hélène, la Fille de Madame Angot, etc. Il se produisit dans les grandes villes de Belgique et de province jusqu'en 1920. A cette époque Louis Masson (futur directeur de l'Opéra-Comique) lui consentit un contrat de quatre ans au Trianon Lyrique qui était alors, avec l'Opéra et l'Opéra-Comique la 3ème salle lyrique subventionnée à Paris. De Trevi conserva prudemment son répertoire léger et poussa même les scrupules jusqu'à refuser d'entrer à l'Opéra-Comique afin de mieux ménager sa voix. Mais voilà qu'il rencontra en Italie le maître Pintorno. Tout fut changé. Celui-ci lui révéla sa grande voix. Quelle métamorphose : Almaviva devint Lohengrin. De Trevi se recycla entièrement. Il suivit pendant 4 ans les leçons de Pintorno, il alla travailler avec Siegfried Wagner le fils du compositeur. Il devint l'élève de Mme Fourestier, fit la connaissance de Germaine Lubin l'incomparable interprète Wagnérienne de l'Opéra, et cette dernière parla de lui à Jacques Rouché.

Tel fut l'enchaînement qui l'avait conduit à recevoir les ovations du public du Palais Garnier le 20 Décembre 1930 alors qu'il débutait dans le rôle de Siegfried. Pendant 10 années pleines il assuma, avec une voix splendide, la charge de premier ténor Wagnérien français. Il n'en alla pas moins à l'étranger, en particulier en Allemagne et en Italie et il pratiqua tout le répertoire puissant auquel sa voix lui permettait de prétendre : Samson, Hérodiade, Paillasse, Othello, Monna Vanna, etc. Mais quand il participa à la reprise de Marouf, ce fut avec toute la verve et l'humour que lui avait donnés sa forma-

tion première ! Et, même au cœur des rôles les plus dramatiques de Wagner, José de Trevi n'oublia jamais que la nature l'avait doté d'une voix mixte ravissante. Semblable à ses héros sur scène, l'homme, dans la vie, était un seigneur, "un aristocrate de l'ancien régime" assurait-il. Il mourut en 1958.

Il faut citer encore quelques noms célèbres tout en sachant que la liste sera très incomplète et comportera de nombreuses omissions :

- **Edmond Rambaud**
Débuts 1917 — Faust, Rigoletto, Roméo, Don Juan, l'Enlèvement au Sérail.

- **André Burdino**
Débuts 1922 — Roméo, Rigoletto, Lohengrin, la Traviata, Aïda.

- **René Verdière**
Débuts 1926 — Walkyrie, Aïda, le Vaisseau Fantôme, Hérodiade, Lohengrin, les Maîtres Chanteurs, la Damnation de Faust.

- **Paul Henry Vergnes**
Débuts 1928 — Faust, Rigoletto, Roméo, la Traviata, Boris Godounov.

- **Antonin Trantoul**
Débuts 1923 — Faust, Roméo, Lohengrin, Rigoletto, Hérodiade.

- **Franz Kaisin**
Débuts 1928 — Rigoletto, Faust, Roméo, Paillasse, Hérodiade, Aïda.

- **Forti**
Début 1928 — La Walkyrie, l'Or du Rhin, Tannhäuser, Salomé, Tristan.

- **René Maison**
Débuts 1929 — Monna Vanna, Faust, Roméo, la Damnation de Faust, Lohengrin, Aïda, la Walkyrie, Samson.

- **Rogachewsky**
Débuts 1931 — Lohengrin, Faust.

— **Henri Saint-Cricq**

Débuts 1932 — Lohengrin, Aïda, Samson, la Damnation de Faust, Sigurd, Othello.

— Laffite, Goffin, Carrère, Darmel, Dutreix etc...

Il convient de mentionner encore, Raoul Jobin, Louis Arnoult et Georges Jouatte qui appartiennent davantage à l'époque suivante, et bien entendu, Georges Thill et José Luccioni qui sont les deux grands noms de l'histoire contemporaine.

Victor Forti dans Oedipe Roi

André Burdino

John. O. Sullivan

FRANZ, par Gir

Franz fut le plus grand ténor français de sa génération

II
LES CONTEMPORAINS

Georges Thill avec Jean Gourret

9
Georges THILL

Georges Thill, lui aussi, fit partie intégrante de la Troupe de Jacques Rouché. Mais Georges Thill n'est-il pas infiniment plus qu'un ténor de l'Opéra de Paris, si célèbre soit-il ? Georges Thill est un héros national. Il appartient à l'Histoire de France. Le cours des choses veut que les hommes passent, dans leur quasi-intégralité et que seuls certains personnages, extrêmement rares, demeurent. Georges Thill fait partie de ces derniers. Est-ce à dire qu'il surclassa de cent coudées les ténors de sa génération ? Ce serait un vain débat que de vouloir établir la liste des mérites comparés de Thill, de Franz, d'Ansseau, de Trévi, etc. Chacun de ces interprètes, de niveau exceptionnel a eu son style propre, ses qualités et sans doute ses défauts. Au demeurant, Georges Thill n'émerge pas seulement du groupe des ténors, mais de l'ensemble des chanteurs français. En effet, il représente l'image de marque de l'Opéra en France. Depuis 1924, le phénomène Thill s'est imposé. Que s'est-il passé ?

Georges Thill entra à l'Opéra en 1924. Il séduisit aussitôt le public par la beauté de son timbre et le rayonnement de son aigu. ▶

Thill est le premier chanteur d'opéra français qui ait eu l'opportunité et le talent de mener simultanément une carrière à la scène et par le disque puis, grâce à la gloire qu'il avait ainsi conquise, de rester le maître incontesté du "marché" lyrique français. Si son activité d'artiste, étincelante, a cessé depuis longtemps, le "produit-artistique-Georges-Thill", 50 ans plus tard, est toujours un best-seller. Les 80 ans de Georges Thill n'ont-ils pas constitué un événement d'actualité, marqué par la parution d'enregistrements quasi-inédits ? Peut-on comparer cette réussite, sur le plan sociologique, avec celle de la Callas ? Certainement pas. La gloire de la Callas a résulté d'un extraordinaire conditionnement de l'opinion par les "media". Quand elle se produisit en public après que sa voix fut détériorée, ses "fans" lui réservèrent néanmoins des ovations délirantes, car, à la vérité, ils ne l'enten-

daient pas telle qu'elle était. Georges Thill se situe à l'extrême opposé. A une certaine période de sa vie, aux alentours de l'année 1930, alors qu'il jouissait de toute sa splendeur vocale, il a gravé une série d'enregistrements qui sont devenus pour plusieurs générations d'amateurs d'opéra, le critère de la perfection lyrique française. La limpidité de son timbre, la pureté de sa diction, la distinction de ses interprétations, la noblesse de son style, la finesse de ses nuances, l'éclat de ses aigus, remarquablement captés et mis en valeur par le disque ont représenté l'idéal du beau. Les mélomanes français ont considéré cette forme d'expression comme étant celle du classicisme.

Actuellement les disques de Thill constituent un véritable ouvrage de référence du pur style français. L'internationalisation des distributions lyriques qui comporte par ailleurs des avantages, a l'inconvénient de reléguer très loin le respect de la langue et du style d'interprétation propres au génie français. Ce sont les artistes qui se "vendent" le mieux qui détiennent l'apanage des distributions sur les grandes scènes et dans les enregistrements. La plupart d'entre eux sont de nationalité étrangère, et comme leur culture française reste souvent assez sommaire, les œuvres qu'ils chantent s'en ressentent beaucoup. Pour se retremper aux sources il n'est que d'écouter Thill ...

Quelle a été la carrière de Georges Thill ? Il est né à Paris le 14 Décembre 1897. Son père portait une telle passion à l'art lyrique qu'il s'engageait souvent comme figurant afin de côtoyer les artistes et de les toucher du doigt. Mais Georges Thill n'en était pas moins destiné à la vie des affaires. Cependant lorsqu'il se rendit compte qu'il avait une voix, il décida d'aller travailler au Conservatoire. Il s'adonna à ses études musicales avec le sérieux et la vigueur qu'il a toujours apportés à ce qu'il a entrepris : les résultats ne venaient guère. Un jour — voilà le conte de fée qui va commencer — il rencontra son camarade Mario Podesta qui avait abandonné le Conservatoire et était parti à Naples chez le ténor de Lucia. Thill fut stupéfait des progrès que Podesta avait accomplis. Et s'il en

Georges Thill dans Gérald, de Lakmé, à New-York.

faisait autant ? La décision fut vite prise. Pendans deux ans, assidûment, laborieusement, Thill suivit tous les jours à 17 heures les leçons du célèbre maestro. Ce dernier avait encore sa belle voix, et, pourvu d'une oreille d'une extrême finesse, il enseignait de façon totalement empirique. Il disait : "écoute-moi et imite-moi". Il chantait un passage et l'élève devait tenter d'en faire autant. Peu à peu la voix de Thill se délia, son timbre révéla sa pureté et son éclat. De Lucia était impressionné. "Une voix comme la tienne je n'en ai encore jamais entendu !". Malheureusement il mourut et Thill rentra à Paris. Là en l'écoutant, ses familiers eurent le souffle coupé : le petit amateur s'était métamorphosé en un étonnant artiste ! Il fallait absolument qu'il auditionne à l'Opéra !

Toute la suite s'enchaîna dans la facilité et dans le succès. Le Palais Garnier l'engagea aussitôt et lui confia pour commencer le rôle secondaire de Nicias dans Thaïs, le 24 Février 1924. Mais Georges Thill débuta vraiment la même année dans le Duc de Mantoue de Rigoletto. La presse reconnut sans hésiter son talent : "Véritable ténor d'opéra, sa voix claire, bien timbrée, dont l'aigu est éclatant, porte excellemment. Il est en droit d'attendre à l'Opéra les plus sérieux espoirs". En l'espace de deux ans on le vit paraître dans chacun des grands emplois de "demi-caractère" : Aïda, Faust, Hérodiade, Paillasse, Alceste, Roméo et Juliette, Lohengrin. La presse continua à le louer inconditionnellement. "M. Thill est l'un des meilleurs espoirs de la Maison. Il représente le ténor type de léger demi-caractère, celui de Rigoletto, de Roméo ou même de Faust ... Roméo semble écrit pour permettre à M. Thill de déployer dans toute sa richesse son timbre chaud et prenant. Il a terminé le tableau du duel par un contre-ut éclatant."

S'étant ainsi placé au sommet, Georges Thill entra dans une véritable période de gloire.

Les Italiens le convièrent pour chanter Turandot aux Arènes de Vérone ; à Paris on le chargea de créer La Traviata, Marouf, Turandot, les Troyens à Carthage (1) ; la Scala de Milan l'appela, puis ce furent le Colon de Buenos Ayres et le Met de New-York. Au Palais Garnier on prit l'habitude de lui demander son concours pour toutes les grandes reprises : Guillaume Tell,

Faust, les Huguenots, etc. Mais certains spécialistes comme Thomas Salignac, quoique admirateurs inconditionnels, n'en redoutaient pas moins qu'il abusât de ses dons prodigieux ! "M. Thill est un grand demi-caractère à la qualité remarquable, un chanteur consommé qui exprime délicieusement les phrases mélodiques ; mais il n'a ni le caractère vigoureux du fort ténor, ni le mordant et la spontanéité du hautecontre (entendons du ténor de Guillaume Tell). S'il en était ainsi il ne serait pas le charmant Roméo, le parfait Werther qu'il s'affirme. Ses remarquables moyens vocaux lui permettent d'aborder tous les rôles du ténor, sauf ceux de véritable fort ténor. A défaut de la Juive, de Guillaume Tell, du Prophète, il sera à son aise dans les Huguenots, la Favorite ou l'Africaine ; et si les Siegmund, Siegfried, Tristan sont hors de son emploi, il s'est montré excellent Lohengrin et interprèterait fort bien Walther des Maîtres-Chanteurs."

C'était là une analyse très pertinente, faite par un homme de métier. Mais Thill en eut-il jamais connaissance ? Si son entourage lui avait donné de semblables conseils, bien des tracas lui eussent été épargnés. Du reste, il le dira luimême plus tard : "Je crois que le plus grand reproche que je puis me faire est d'avoir accepté de tout chanter, de ne pas avoir observé les temps de repos suffisants, de m'être produit dans trop de rôles et trop souvent. Je regrette de n'avoir pas été conseillé par des gens compétents et de qualité. Avec le recul du temps, je considère que j'aurais dû limiter mon répertoire à 8 ou 10 rôles, qu'il m'aurait fallu espacer beaucoup plus mes représentations et même mes répétitions. Je faisais partie de la Troupe de l'Opéra et je ne savais pas refuser les directives que l'on me donnait. On m'a fait chanter plus de cinquante rôles et combien d'inutiles ! On m'a incité à user et à abuser de ma voix (la veille de Guillaume Tell je jouais Carmen). En dehors

(1). Il s'agit de la version de l'oeuvre de Berlioz limitée aux trois derniers actes. L'intégrale avait été créée en 1921 par Franz.

des représentations on m'a assujetti à des répétitions incessantes et harassantes (cinq fois les Maîtres-Chanteurs dans la même journée !)". Ces considérations expliquent suffisamment pourquoi la carrière de Georges Thill n'a pas été aussi longue qu'on l'eut souhaitée. Mais cette fameuse reprise de Guillaume Tell ne date que de 1929 et Thill avait alors devant lui de très nombreuses années de triomphes.

Il émanait de sa voix un pouvoir d'envoûtement certain. Il paraissait sur la scène, et à peine

Les adieux de Georges Thill à l'Opéra-Comique, dans Paillasse.

avait-il ouvert la bouche et chanté trois mesures que le charme opérait. Il mettait les gens en état de délire de plaisir. A Buenos-Ayres il chanta devant un auditoire de redoutables connaisseurs, le dernier jour d'une série de représentations où les plus grands ténors Italiens, Gigli, Schipa, etc... l'avaient précédé. C'est dire que l'on risquait d'être blasé. Mais quand il eut fini, la salle entière se leva, trépignant d'enthousiasme, et on vit même certains spectateurs monter sur leurs fauteuils ! Comment expliquer ce magnétisme ? Tenait-il à la couleur transparente du timbre, à la perfection du phrasé, à la sensibilité d'un chant contrasté où la suavité de la voix mixte succédait à la vaillance ? Certainement à tout cela, ainsi qu'à la "divine facilité" qui est le don du ciel aux artistes hors-série. On pourrait reprendre au profit de Georges Thill l'éloge de Voltaire à Favart : "Vous embellissez tout ce que vous touchez" lui écrivait-il. Thill, dès qu'il

PHOTO O.R.T.F. D. GONOT © 1973

Georges THILL et son GRAND PRIX du DISQUE 1972

Depuis ses premiers enregistrements Georges Thill n'a pas cessé d'être la première vedette lyrique française du disque.

Grand prix National du disque Lyrique décerné en 1972 par l'académie nationale du disque Lyrique : Vase de Sèvres de l'O.R.T.F. et Orphée d'or "Grandes voix humaines".

chantait, rendait harmonieuse n'importe quelle musique. Sacha Guitry avait dit à une chanteuse célèbre : "Votre gorge est comme la grotte de Lourdes, il s'y produit des miracles !". Oui, c'est bien un effet miraculeux qu'exercent certaines voix sur la sensibilité humaine. Thill fut le ténor idéal de Roméo, de Faust et de Werther. Mais ses goûts profonds le portaient vers Wagner. Il interpréta Lohengrin, Tannhäuser, les Maîtres-Chanteurs, Parsifal et regretta de ne pas aborder Siegmund, (sauf au disque) l'un de ses personnages préférés.

La popularité de Georges Thill le conduisit jusqu'au cinéma. Il tourna les films "Chansons de Paris", "Aux portes de Paris" en 1934. Cette année là eut lieu la célébration de la 2.000ème représentation de Faust à Paris. Ce fut un événement national où Georges Thill, André Pernet, Edouard Rouard et Yvonne Gall prouvaient

brillamment que la France avait de bonnes raisons d'être fière de son patrimoine lyrique. Depuis lors, le jugement des mélomanes s'est étrangement modifié ... En 1936 Thill participa à la reprise des Huguenots à Paris, en 1937 à celle de Carmen au Covent Garden, en 1938 à celle de Werther au Colon. En 1938 il tourna pour le cinéma Louise, le chef d'œuvre de Charpentier avec Grace Moore et André Pernet comme partenaires... Fulgurante carrière ! cependant les années sombres de la guerre survinrent. Désormais à l'exception de quelques rares représentations ou concerts, on n'entendra plus chanter Georges Thill à Paris. Mais son souvenir est resté intact dans le cœur des mélomanes français ... et de cette admiratrice qui le suivait à chacune de ses représentations et qui lui envoie encore des fleurs, 50 ans après ses débuts !

Georges Thill dans la Fanciulla del West à la Scala de Milan.

10

PRESENCE DE JOSE LUCCIONI

José Luccioni est mort en Octobre 1978.

Non, cette information n'a pas de sens. Elle ne produit même pas l'effet traumatisant qui s'attache toujours à l'annonce d'un décès fut-il celui d'un inconnu. Car José Luccioni reste bien vivant. Certes il a disparu des affiches depuis 1962, mais il a tant chargé d'impressions la sensibilité de son public, de ses admirateurs et de ses amis qu'il continue à exister à travers eux. Des milliers de gens sont encore conditionnés par ses interprétations et confondront à jamais le visage d'Othello ou celui de Samson avec le sien. Pendant les trente années de sa carrière il a été le point de mire des aficionados du lyrique et des chanteurs. Combiens de jeunes n'ont-ils pas rêvé d'avoir la voix de José Luccioni ! Maintenant même ceux qui ne l'ont pas de près connu l'appellent, familièrement "José" pour bien marquer leur intimité avec lui dans le souvenir qu'ils lui portent. Oui, José Luccioni est toujours présent.

L'évoquer par une notice biographique serait le faire tomber dans cette froideur de l'histoire où ceux qui s'engouffrent sont transformés en statues. Il est tellement plus vrai de revenir à quelques années en arrière et d'aller lui rendre visite... On est à l'automne 1973. Il habite Marseille. On se rend à la Tour du Puget, allée des Pins, on prend l'ascenseur, on monte au 16ème étage, on sonne. La porte de l'appartement s'ouvre : «Il habite dans un nid d'aigle. Les vrais amateurs de Marseille savent bien que la beauté de la ville tient avant tout dans son site. Quand on voit, des hauteurs de la Gineste, l'immense rade bleue avec son chapelet d'îles blanches et la ceinture rocheuse des massifs sauvages en calcaire pur, on est sous l'émotion d'un spectacle qui n'existe nulle part ailleurs. C'est exactement cette vue qui s'offre à vous quand vous entrez chez José Luccioni, au point culminant de la Tour du Puget. Et vous comprenez aussitôt que si vous êtes là, ce n'est pas l'effet du hasard. Car ce condottière de l'Opéra a besoin de liberté, de grandeur et de beauté.

Vous n'avez nul besoin que l'on vous raconte qu'il a incarné avec une classe incomparable Othello, Radamès ou Samson et, très vite vous êtes sensible à son rayonnement. Il exerce un magnétisme pénétrant et au terme de votre visite, vous mettez un certain temps à vous décharger de son influx nerveux. Il émet mais il capte tout autant. Un échange de regards avec lui peut remplacer de longs discours. Il est très sensible aux nuances. Le moindre changement d'éclairage du soleil sur les collines ou sur la mer attire son oeil. Cela vous explique pourquoi dans Roméo, il a pour Juliette "douce amie", des accents aussi tendres. Il aime l'intensité dramatique et, sans doute par-dessous tout, l'authenticité. "Il faut pénétrer dans son personnage dit-il, la présence compte autant que la voix". Ainsi, il analyse Carmen. "Il y a quatre Don José différents, un à chaque acte. Le soldat benêt qui vient de sa campagne, l'amoureux enthousiate de re-

JOSÉ LUCCIONI
de l'Opéra

Studio Lorelle
Paris

José Luccioni, ancien mécanicien à Bastia, devint en quelques années l'une des gloires de l'Opéra et de l'Opéra-Comique.

trouver Carmen, l'homme désemparé pris entre son amour et la société, le jaloux fou furieux prêt à tout et même à tuer. Il est évident qu'on ne chante pas ces quatre personnages de la même façon. Le duo du dernier acte, à lui seul, comporte une progression incessante dans la psychologie de Don José : "C'est toi... je ne menace pas", il est prêt à tout accepter pourvu que Carmen revienne. "Tu ne m'aimes donc plus ?", il est bouleversé d'inquiétude, "Mais moi Carmen je t'aime encore", il commence à se révolter. "Pour la dernière fois démon veux-tu me suivre", il pose un ultimatum désespéré. "Eh bien damnée"', il a décidé de tuer. Puis il vous fait entendre la bande magnétique d'un enregistrement complet de Carmen qu'il a réalisé en 1949 avec Suzanne Juyol et Michel Dens. Vous apprenez au passage que les archives de la Radio Télévision Française contiennent un Faust, un Othello, un Hérodiade, une Reine de Saba, qu'il a enregistrés intégralement à l'apogée de sa carrière... et qui dorment aujourd'hui.

On se tait, et on écoute. On avait oublié qu'il y avait eu en France, un Don José de semblable mesure, avec cette puissance dramatique, ce timbre, cette diction. «L'articulation, dit-il c'est Léon David qui me l'a enseignée au Conservatoire. J'y suis entré à vingt-quatre ans sans les moindres connaissances en musique et en chant. On m'a tout appris et, trois ans après, j'ai débuté à l'Opéra. Ceux qui prétendent que le Conservatoire casse les voix, ou bien n'ont jamais eu de voix ou bien avaient déjà cassé leur voix. J'ai énormément travaillé. Eugène Sizes m'a enseigné le jeu de scène. Ecalaïs m'a beaucoup conseillé pour l'émission des aigus. Georges Thill a été mon modèle constant. Pendant toute ma carrière, j'ai cherché à apprendre, à m'améliorer et à me dépasser. Le chanteur qui n'évolue pas est un chanteur qui régresse. Il ne deviendra jamais un grand artiste». «Avant de jouer Othello, j'ai lu minutieusement le texte de Shakespeare et j'ai noté tous les passages qui me paraissaient essentiels. Je me suis rendu compte, par exemple, que la jalousie d'Othello commençait lorsque le père de Desdémone lui donnait sa fille en mariage, ce mariage dont il ne voulait pas. Là, Desdémone a trompé son père; alors pourquoi n'en ferait-elle pas autant à son mari?».

Une réussite comme celle de José Luccio-

ni n'est pas le résultat d'une génération spontanée. A vingt-quatre ans, il ne sait rien ; il entre au Conservatoire. A vingt-sept, il est engagé à l'Opéra alors qu'il n'a pas terminé son Conservatoire. C'était la première fois que cela se produisait. A vingt-neuf ans, il tient son premier grand rôle dans Paillasse aux côtés de Pernet et de Cambon sous la direction de H. Busser. A trente ans, il remplace, toujours à l'Opéra, Lauri Volpi souffrant : On lui fait chanter Aïda avec une partenaire italienne et en quelques jours il apprend le rôle en italien ; il l'interprétera en français au premier et au deuxième acte mais il chantera les actes du Nil et du Tombeau en italien. Toujours à trente ans, il commence sa carrière internationale au Lieco de Barcelone. Puis ce sera l'Italie où il créera Cyrano de Bergerac à Rome, dans cette ville, où jusqu'à la guerre, chaque année on lui proposera des engagements ; il va se produire à Chicago, à Rio de Janeiro, à Montevideo. Il n'a pas encore atteint la quarantaine. A Vérone, il fait la reprise de Turandot et le public italien le porte en triomphe jusqu'à son hôtel. Il est le ténor de la Cour d'Angleterre et il chante au Jubilé de Georges V ainsi qu'au couronnement de Georges VI. Il chante régulièrement à Monte-Carlo.

Tout cela est bel et bon me direz-vous, mais José Luccioni c'est pour tous le ténor, et vous n'avez pas encore parlé de sa voix ? N'ayez crainte, j'y viens. Mais il faut savoir d'abord que pour José Luccioni, la voix n'est pas une fin en soi ; elle est au service de l'art lyrique et de l'intensité dramatique.

Comment émettez-vous votre voix ? «J'applique deux règles fondamentales : l'appui du souffle et le développement de la respiration. Je m'entraîne constamment. Quand je prends un bain, et cela m'arrive deux à trois fois par jour, je m'amuse à mettre ma tête sous l'eau le plus longtemps possible; je dépasse la minute. Poussez avec vos doigts très fort sur mes abdominaux; je les laisse se creuser jusqu'aux limites du possible; puis, je vais les tendre d'un coup, les durcir et vous serez obligé de céder. Je crois que beaucoup de ténors légers perdent leur voix, car ne recherchant pas l'effet de puissance, ils ne pratiquent pas l'appui du souffle par la ceinture abdominale et leur voix n'a pas son soutien musculaire indispensable».

«Je fais des respirations très profondes ; je cherche à abaisser le diaphragme jusqu'au bas du ventre, presque jusqu'à l'aine. J'ai une capacité pulmonaire de cinq litres et demi. Voilà ma règle de base. Chez un chanteur qui, comme moi, a une voix naturelle, la place de la voix se fait d'instinct. D'ailleurs, il faut que l'émission dans tous ses aspects devienne un automatisme. L'instinct du chanteur s'appuie sur quelques notions techniques de départ ;

Studio Lorelle Paris

JOSÉ LUCCIONI
de l'Opéra

José, trouvait des accents passionnés dans les rôles tragiques (ci-contre Don José de Carmen).

puis il doit règner en maître absolu». «Je crois beaucoup à l'influence de l'oreille. Quand je me prépare à émettre un aigu, je me représente la note dans mon oreille et dans mon cerveau; puis je la chante telle que je l'ai conçue».

Souvent les chanteurs prennent soin d'observer avec un certain mode de vie, un régime, ils vivent avec l'appréhension du froid et des courants d'air ? «Je dors, hiver, comme été, la fenêtre ouverte. Je ne porte pas de manteau. Je n'ai jamais mis un foulard. Le chanteur d'opéra doit être robuste comme un athlète. La voix évolue avec l'âge et l'état de santé qui en découle. Beaucoup ne dépassent pas le cap des trente-cinq ans, car leur condition physique se dégrade alors». Enchaînant, José Luccioni raconte comment il se préparait avant une représentation : «à midi je mangeais un steack puis je faisais la sieste. A 15 h, je prenais un bain, détente du corps, exercices de tête sous l'eau. Puis je partais de chez moi (avenue Victor Hugo) vers 17 h et je me rendais à pied à l'Opéra. Je mangeais une douzaine d'huîtres en buvant un verre de bordeaux. A 18 h, j'étais dans ma loge pour entrer en scène à 20 h 15, je prenais le plus grand soin à me maquiller et à m'habiller. Même sur un plan purement plastique, je voulais que mon premier contact avec le public produise une réaction».

Et en effet, ce phénomène se produisait dont seuls quelques très grands artistes ont le pouvoir. José Luccioni entrait en scène et le public n'était plus le même; il s'était passé quelque chose. «J'avais 60 % d'inconditionnels et 40% de contestataires. Mon objectif c'était de convaincre les 40%. Avant le spectacle, j'avais un trac qui consistait en l'appréhension de ne pas faire mieux que la veille. Je voulais gagner davantage encore. Je n'ai jamais été choqué de susciter des mouvements contraires ou même hostiles. Seuls les imbéciles et les médiocres ne sont pas discutés. Dès que j'arrivais sur la scène le déclic se produisait, le trac disparaissait, et je commençais mon combat. J'établissais une communication avec la salle en regardant deux ou trois spectateurs. Et j'adaptais mon interprétation en fonction de leurs réactions. Leur simple maintien m'indiquait si oui ou non je passais la rampe. Je n'ai jamais chanté que pour le public et ce sont ses réactions qui ont été mon guide dans le choix de mes ouvrages et de mes personnages».

On se souvient de ses représentations à Marseille, à Bordeaux, à l'Opéra-Comique, à Vérone où le public entrait dans un état second. A Marseille, José Luccioni a dû chanter cinq fois l'air d'André Chénier, à Paris, place de l'Opéra-Comique, les gens montaient sur le capot de sa voiture... «Lors d'une Bohème, les applaudissements ont claqué avec tant de brutalité que j'ai eu l'impression de recevoir une gifle. Et puis j'ai adoré la familiarité que me manifestait le poulailler. Un soir, Carmen, à Marseille : les répétitions s'étaient faites avec Lucienne Anduran et à la fin du deuxième acte, je l'emportais dans mes bras. Voilà que Lucienne Anduran tombe malade. On cherche partout une remplaçante pour ne pas annuler le spectacle, et enfin on trouve une Carmen. Lucienne pesait 60 kg mais celle-là pas moins de 90 ! Le deuxième acte se termine et je la prends dans mes bras... ou plutôt j'essaie. Alors, du poulailler, on entend une voix me dire : «Oh José ! fais deux voyages !». Il y a dix ans que José Luccioni ne chante plus, mais le public a gardé pour lui tout son attachement. On l'a vu être ovationné à Marseille, décidément toujours Marseille, lors du récital de Mario Del Monaco. José Luccioni est l'ami du ténor italien qui, jeune étudiant, avant la guerre, venait lui demander des conseils. On parle souvent chez les artistes, du mimétisme, de l'influence des uns sur les autres dans une distribution. Pour José Luccioni, c'est une réalité évidente. «Il y a des partenaires qui m'excitent et d'autres qui m'inhibent. Je ne nommerai personne. Certaine Salammbô, merveilleuse femme, que, pour les raisons du jeu de scène, je caressais pendant le duo d'amour, décuplait mes ressources vocalement et scéniquement; quant à une certaine Desdémone, je la trouvais si antipathique et si peu féminine, que pour la jeter sur son lit, au lieu de l'enlacer, je lui faisais un croc en jambes. Sur scène, si l'on veut s'identifier à son personnage, on a besoin d'être environné de partenaires qui rendent authentique l'univers dramatique où l'on évolue. J'ai joué, à Monte-Carlo, Dimitri aux côtés de Chaliapine, qui tenait le rôle de Boris. J'en garde un souvenir fantastique.

- José Luccioni, quelles ont été vos représentations les plus marquantes ? «Toutes !». Citez-en une. «La reprise de Roméo à l'Opéra. Mon camarade Jussi Björling - nous

nous connaissions depuis l'époque d'avant-guerre à Londres - devait chanter. La veille j'avais joué la Tosca avec une partenaire étrangère assez «brûlante». J'avais passé une partie de la journée suivante avec elle... puis je m'étais rendu par réflexe d'habitude à l'Opéra. C'était l'effervescence; tout le monde me cherchait. Mais où étiez-vous, nous n'arrêtons pas de vous téléphoner ! Vous remplacez ce soir Jussi Björling qui est tombé malade ! - Mais non ce n'est pas possible, j'ai chanté hier et puis je suis... enroué! On insiste, on parlemente. L'heure de la représentation arrive. Louis Rialland va sur l'avant-scène et annonce au public : «Monsieur Jussi Björling est souffrant et José Luccioni a accepté de le remplacer». Mouvements divers dans la foule. Protestations, sifflets, cris. D'un coup, je me décide.

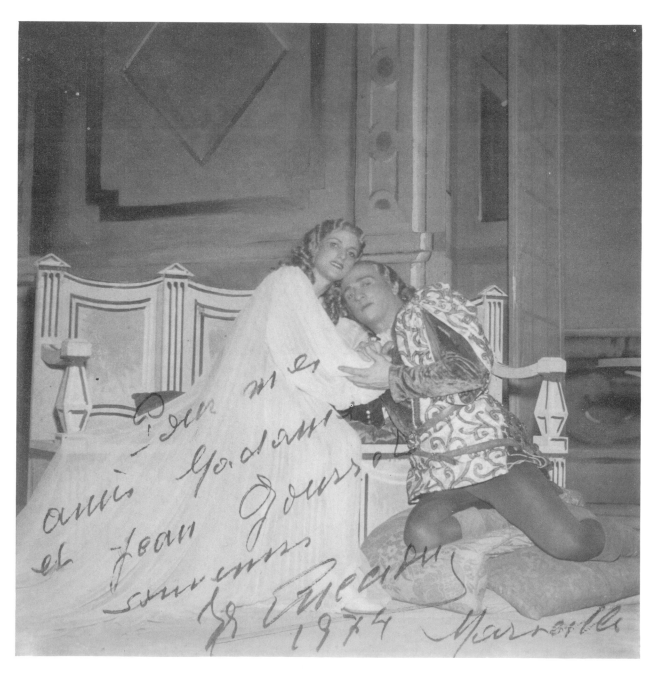

José, beau et plein de flamme, inoubliable Roméo...

Ils verront ce que c'est que Luccioni! et j'ai chanté la cavatine dans le ton original, avec les si naturels! Le public m'a applaudi à l'unanimité et mes amis m'ont dit que c'était une des plus belles représentations de ma vie!».

Des représentations, José Luccioni en a donné jusqu'à l'âge de soixante ans. Il a chanté plus de quarante rôles, plus de mille fois Don José et plus de cinq cents fois Othello. A chaque fois, il a payé comptant se donnant tout entier dans l'incarnation de son personnage. «Si les rôles ne me convenaient pas, je les abandonnais aussitôt. Je suis un méditerranéen et je ne me sens pas bien dans la peau des héros wagnériens. Je parle l'italien aussi couramment que le français; l'allemand ne m'a pas attiré. Je pouvais très bien vocalement, chanter Lohengrin ou Siegfried. Je l'ai d'ailleurs fait mais je n'ai pas poursuivi. Quand j'interprète un rôle, il faut qu'il me passe dans le sang et j'accède alors à un état second. Dans Salammbô, je roulais de tout mon poids les quarante-quatre marches, avec du carmin dans les lèvres, et tout le monde, même mes partenaires, voyant le sang couler de ma bouche, me croyaient mort. Pendant cette chute, je me suis planté deux clous dans les genoux et je n'ai pas éprouvé la moindre douleur. J'étais dans l'état d'un fakir. Le spectacle fini, je les ai enlevés tranquillement et ce n'est que le lendemain que j'ai eu mal».

Puis José Luccioni évoque le souvenir des grands hommes qu'il a connus : le merveilleux Tullio Serafin, le grand Jacques Rouché, l'exceptionnel Raoul Gunsbourg, le délicieux Reynaldo Hahn... «Reynaldo Hahn aimait les mots d'esprit. Il voulait absolument me faire chanter Faust. Pendant que je répétais, devant lui, une jeune chanteuse «recommandée» venait se faire entendre dans l'air de Chérubin «Voi che sapete» Reynaldo Hahn l'arrêta : «Vous chantez trop vite, cette musique exprime un état d'âme profond, prenez un rythme plus lent, décomposez-la». Quelques jours après la chanteuse revint; elle chantait en exagérant le ralenti. Reynaldo Hahn l'interrompit encore. Elle lui dit : «Mais, Maître, je fais ce que vous avez demandé, je décompose les notes». «oui. mademoiselle dé-com-po-sez. mais pas jusqu'à la putréfaction!». José Luccioni garde de la reconnaissance pour les chefs de chant de l'opéra. «Les Maurice Faure, Maurice Franck, Henri Loth, ont été pour

moi des conseils musicaux indispensables. Ces hommes-là sont irremplaçables dans les carrières des jeunes chanteurs». José Luccioni est grand amateur de sport. Il a pratiqué beaucoup la natation et la voile. «Souvent je suivais le tour de France en voiture avec Roger et Guy Lapébie. Lorsque nous voulions dépasser un groupe, plutôt que de nous servir de l'avertisseur de l'auto, je «faisais le klaxon» en sortant la tête par la fenêtre et en poussant un aigu bien appuyé». Ce klaxon devait porter loin. Des mesures ont été faites sur la puissance de la voix de José Luccioni. A un mètre, sa voix produit une intensité de 130 décibels, ce qui correspond au fracas d'un moteur de Caravelle. Cet homme est fier et il a toute les raisons de l'être. Il appartient à la race des Seigneurs...»

Rappel de quelques dates de sa carrière

1903	Naissance à Bastia
1927	Entrée au Conservatoire
1932	Débuts à l'Opéra de Paris dans Paillasse
1933	Opéra de Paris : Aïda, Hérodiade Opéra-Comique: débuts dans Carmen
1934	Opéra de Paris : Roméo, Damnation de Faust, Sigurd
1935	Débuts de sa carrière internationale à Rome (Cyrano de Bergerac)
1936	Amérique du Sud (Buenos-Ayres, Montevideo, Rio)
1937	Amsterdam, Liège, Anvers Rome (Carmen) Arènes de Vérone (Turandot) Chicago (Carmen, Paillasse)
1938	Rome : les 2 Siegfried en italien Opéra de Paris : Samson. Salammbô
1943	Opéra de Paris : Othello
1946	Opéra de Paris : Faust
1947	Cinéma : Colomba
1948	Cinéma : Le bout de la route
1952	Opéra de Paris : Les Indes Galantes
1953	Opéra de Paris : Boris Godounov
1962	Dernière représentation intégrale à l'Opéra-Comique dans Paillasse.
1969	Jean Giraudeau, directeur de l'Opéra-Comique, organise une soirée d'hommage à José Luccioni (Paillasse, avec Albert Lance).

1940 dans Samson, puis prendre les rôles du Faust de la Damnation, d'Armel de Gwendeline, de Florestan dans Fidélio, de Mylio du Roi d'Ys, de Jean d'Hérodiade et, à partir de 1947, aborder Lohengrin, Siegmund de la Walkyrie et Tristan. Néanmoins sa carrière fut d'assez courte durée.

Georges JOUATTE

S'il n'était pas doté de la puissance d'un ténor de grand opéra, Georges Jouatte n'en pratiquait pas moins le plus pur style de la Maison : netteté de la diction, noblesse de la déclamation, bon goût des interprétations... Il entra à l'Opéra en 1935 et fit, dès ses débuts, une excellente incarnation du Faust de Berlioz. Moins heureux dans le Faust de Gou-

nod, parfait dans la Flûte Enchantée, dans Castor et Pollux, dans Alceste et dans Don Juan, il s'imposa, dans tous les cas, par son intelligence d'artiste. Il tint une chaire de professeur de chant au Conservatoire de Paris. Il mourut en 1969.

Libero de LUCA

Dans le souci de renouveler la Troupe, l'Administration de l'Opéra engagea en 1946 Libero de Luca, artiste d'origine Suisse, qui faisait parler de lui depuis quelques années. Libero de Luca se hissa immédiatement au premier plan grâce à la qualité rare de son timbre, à la suavité de sa voix mixte et à la sensibilité de son chant. Il débuta au Palais

Jean Giraudeau, brillant musicien, est l'un des rares chanteurs à posséder «l'oreille absolue».

94

Garnier dans le rôle du Duc de Mantoue de Rigoletto et chanta aussi Lucie de Lammermoor, Faust, la Traviata, l'Enlèvement au Sérail et les Indes Galantes. Mais c'est à la Salle Favart qu'il obtint ses plus grands succès, particulièrement par son interprétation remarquable de Rodolphe de la Bohème. Il joua aussi avec beaucoup de réussite Des Grieux, Nadir, Werther, Cavaradossi. Malheureusement, il ne conserva pas la plénitude de ses moyens aussi longtemps qu'on l'eût souhaité.

Jean GIRAUDEAU

Nul hasard n'a régi la carrière de Jean Giraudeau. Il n'a pas attendu l'âge de 18 ans pour vivre un conte de fée. Si un coup de baguette magique lui a été donné, cela s'est passé le jour même de sa naissance, le 1er Juillet 1916. Que l'on en juge plutôt : son père et sa mère étaient l'un et l'autre professeurs de musique au Conservatoire de Toulon; ses études le firent déboucher sur un 1er prix de chant et d'Opéra, sur un 1er prix de violoncelle, sur un poste d'organiste à la Cathédrale, sur un diplôme de licence en droit, et sur une chaire de professeur dans l'enseignement public. A la vérité son seul problème fut d'avoir l'embarras du choix. Mais cela ne dura pas. L'Histoire démontre surabondamment que l'être qui se découvre une voix d'opéra, si doué soit-il par ailleurs, renonce inévitablement à toutes ses autres chances, et qu'il se lance sans hésiter dans le métier de chanteur, quels qu'en puissent être les aléas et les servitudes. Il est certain que cette merveilleuse faculté de sortir de son propre corps de belles et puissantes sonorités sans l'aide d'aucun instrument, crée une sorte de rayonnement intégral, de vibration totale qui déclenche un état de jouissance suprême... Jean Giraudeau opta donc pour le théâtre lyrique et débuta en 1942 à Montpellier dans Mignon d'Ambroise Thomas. Pendant six ans, il fréquenta les grands opéras de province et alla même à Monte-Carlo, à Genève, à Liège et à Londres. La R.T.L.N. l'intrégra à sa troupe en 1947 : il devait se produire pendant 20 années consécutives sur les scènes du Palais Garnier et de la Salle Favart dans plus de 50 rôles différents ! A son répertoire traditionnel de ténor de demi-caractère léger : la Flûte Enchantée, le Barbier de Séville, le Pêcheurs de Perles, Cosi fan tutte, Manon, Lakmé, etc... s'ajoutèrent des créations d'oeuvres contemporaines en nombre incalculable et à dire vrai, on ne trouva guère de nouvel ouvrage où son nom ne figurât pas. Sa science musicale lui permettait, en effet, d'aborder n'importe quelle partition et même de l'interpréter tout en la **déchiffrant** au pied levé. Combien de fois la Radio ne l'a-t-elle pas appelé au secours, à la dernière heure, afin de sauver une émission pour laquelle le ténor prévu se trouvait subitement défaillant ? N'avait-il pas aussi un jour, appris dans le train, pendant les quelques heures du trajet, la partition entière des Contes d'Hoffmann pour la chanter, à l'arrivée, sur la scène du Théâtre de Clermont-Ferrand ?

Il déploya une activité constante à la Radio, dans les Opéras de province ou de l'étranger, dans les concerts de tous genres, mais cela ne l'empêcha pas de faire un mariage d'amour avec la Troupe de l'Opéra. Il y fut premier ténor, puis maître des études vocales - ou Préfet du chant, poste qu'à l'époque de Reszké on avait appelé «Directeur du chant». Enfin, à partir de 1968, il assuma la Direction de l'Opéra-Comique. Ce fut la réalisation de son rêve... Mais ce rêve tourna au cauchemar en 1971 quand il assista, impuissant, au licenciement de tous les artistes ! Par une mesure aberrante, inconsidérée, consternante, les pouvoirs publics venaient de dissoudre cette Troupe qui depuis l'époque de Lully accumulait les traditions lyriques, propres au génie français, et uniques au monde ! C'était aussi grave que si l'on avait incendié le Musée de Louvre ! Et tous ces jeunes chanteurs que Giraudeau avait engagés pour renouveler les effectifs, qu'allaient-ils devenir, maintenant, jetés sur le pavé ! Jamais Jean Giraudeau ne guérit complètement la blessure qui s'était ouverte, ce jour-là, dans le tréfonds de son âme... Certes les activités ne lui manquèrent pas : professeur de chant au Conservatoire, professeur d'Opéra à l'Ecole Normale de Musique puis au Théâtre de Charenton, metteur en scène, chef d'orchestre à ses heures, écrivain aujourd'hui... Si ses entreprises revêtent bien des formes, elles tendent toutes à la défense et à la promotion du patrimoine lyrique français. Il est l'un des authentiques détenteurs de la vraie tradition nationale et il met sa passion à l'enseigner aux autres.

Jean Giraudeau s'illustra dans tous les ouvrages de Mozart (ci-dessous, à gauche, dans l'Enlèvement au Sérail)

A combien de créations d'œuvres contemporaines Jean Giraudeau ne participa-t-il pas ! (ci-contre avec Denise Duval dans la Poule Noire de Manuel Rosenthal).

Nicolaï GEDDA

L'ascension fulgurante de Nicolaï Gedda dans le firmament de l'Opéra international a pour effet de laisser dans l'ombre le fait que ses vrais grands débuts ont eu lieu à la R.T.L.N. en 1954. Au Palais Garnier il parut tout d'abord dans les Indes Galantes puis fit une interprétation extrêmement remarquée d'Huon de Bordeaux dans «Obéron ou le Cor magique», l'opéra romantique de Weber pré-senté par Maurice Lehmann dans une mise en scène fastueuse. Si le tout-Paris courut voir ce spectacle les «connaisseurs», eux, furent éton-nés, voire fascinés par les prouesses vocales du jeune artiste russo-suédois qu'ils avaient con-sidéré initialement comme un petit ténor lé-ger du type Vincent ou Nadir. Pendant trois années, Nicolaï GEDDA se produisit réguliè-rement à Paris où il fut très applaudi dans la Flûte Enchantée, la Traviata, Rigoletto, etc... En 1961, il réapparut au Palais Garnier pour donner un nouveau sujet de surprise aux amateurs et leur démontrer qu'il avait la vraie voix de Faust même sur la scène où le culte de Gounod était célébré avec le plus de rigueur. Bien des années plus tard il y sera consacré, de même qu'Alain Vanzo, comme l'un des plus grands Faust du monde...

De nombreux autres ténors, certains issus de la période d'avant-guerre, d'autres venant apporter un sang nouveau, ont évolué dans la Troupe de l'Opéra entre 1940 et 1959. On peut énumérer encore, sachant que cela n'a aucun caractère exhaustif : René Verdière, Louis Arnoult, Albert Giriat, Edouard Kriff, Jean Nequeçaur, Mario Altéry, Raymond Amade, Raphaël Romagnoni, Léopold Simoneau, Louis Rialland, etc...

Aux alentours de l'année 1950 Libero de Luca tint la vedette au Palais Garnier.

12

LA DERNIERE VAGUE

Printemps 1971. René Nicoly Administrateur de la R.T.L.N. meurt à la tâche assailli par d'insurmontables conflits sociaux.
On ferme l'Opéra
On licencie tous les chanteurs de la Troupe.

Saison 1971/1972. Bernard Lefort et Daniel Lesur, Administrateurs intérimaires, offrent une saison de transition brillante où nombre de vedettes internationales font courir le Tout-Paris.

Année 1973. Rolf Liebermann donne à Versailles, par une éblouissante représentation des Noces de Figaro de Mozart, chantée en italien par les meilleurs spécialistes mondiaux, le coup d'envoi à une activité intense et prestigieuse pour le Palais Garnier.

Cette succession d'événements marqua l'engloutissement d'une institution trois fois séculaire, puis, au-dessus du gouffre encore fumant, l'apparition et l'épanouissement immédiat d'un univers lyrique entièrement nouveau, dépourvu de toute attache avec la tradition française.

Que s'était-il donc passé ?
Malgré les efforts méritoires déployés par ses administrateurs successifs, et en dépit de quelques remarquables succès ponctuels, l'Opéra depuis la Libération souffrait d'une anémie sournoise et tenace. La plupart du temps les salles restaient à moitié vides. Devait-on attribuer le fait à la médiocrité d'un certain nombre de spectacles, à un manque de renouvellement du répertoire et à l'usure inévitable de celui qui, toujours le même, était pratiqué, ou bien était-ce dû à l'évolution des moeurs ? Quelles que fussent les raisons, seule importait la constatation morne et préoccupante de la désaffection du public et de la perte du prestige de l'Opéra. Les pouvoirs publics s'en alarmaient d'autant plus qu'ils versaient chaque année des subventions considérables et que le fonctionnement de l'Opéra représentait un foyer permanent d'agitation sociale. Pourquoi investir des milliards de francs dans une affaire qui n'intéressait plus personne et qui n'occasionnait que des soucis ?

Que des mesures se fussent imposées, qu'il eût convenu de bousculer bon nombre de mauvaises habitudes et de tenir compte de l'attirance des mélomanes envers le vedettariat international et de la nécessité de renover le répertoire, personne n'en doutait. Mais était-il inévitable de tout casser et de faire entièrement table rase du passé ? Cela était moins certain...

En tout état de cause une situation irréversible se créa très vite et il fut vain de se cantonner dans les soupirs et les regrets. En 1977 les artistes de l'ancienne R.T.L.N. errants et dispersés, ressemblèrent quelque peu aux grognards de la garde impériale après Watterloo, nourris de leurs souvenirs et pleins d'amertune. Qu'advint-il des ténors au sein de cette tempête ? Quelques privilégiés furent accueillis à bras ouverts par les directeurs des grandes scènes étrangères, mais la plupart des autres durent trouver des engagements en province ou à défaut changer de métier.

Pendant les 15 denières années une exceptionnelle «cuvée» de ténors s'était pourtant manifestée à l'Opéra de Paris : alors que les effectifs se renouvelaient régulièrement on ne trouvait pas moins d'une vingtaine de sujets permanents. Albert Lance, Michel Sénéchal, Alain Vanzo, Guy Chauvet et Gilbert Py tenaient notamment une place éminente. Mais on ne saurait manquer d'énumérer de nombreux autres noms, car la Troupe abondait en ténors remarquables.

André LAROZE

Débuts en 1952. Victime d'une maladie, il ne connut pas la magnifique carrière qu'on attendait de lui. Au Palais Garnier il chanta le Roi d'Ys, Rigoletto et Faust. Il fit les beaux soirs de la Salle Favart dans Manon, Carmen, Werther etc...

Henri LEGAY

Débuts en 1952. Bon acteur, artiste adroit et intelligent, il sut utiliser une voix assez légère dans les rôles les plus divers. Son incarnation de Des Grieux, à la Salle Favart, fut excellente.

Claude HECTOR

Débuts en 1954. Ce vaillant ténor faisait penser à Raoul Jobin. Il se produisit avec bonheur dans Faust, Lohengrin, Les Contes d'Hoffmann, etc.

Raphaël ROMAGNONI

Débuts en 1947. Chanteur infatigable, Romagnoni était surnommé le «terre-neuve» de l'Opéra. Il remporta ses meilleurs succès dans Faust, La Bohème, Roméo et Juliette et les Contes d'Hoffmann.

Paul FINEL

Débuts en 1954. Après avoir débuté dans les petits emplois, il mit sa magnifique voix de fort demi-caractère au service de Faust, de Carmen, de la Damnation de Faust, de Boris Godounov, de la Tosca, d'Aïda, etc.

Gustave BOTIAUX

Débuts en 1956. Il fut l'un des plus grands espoirs français et certains critiques allèrent jusqu'à le comparer à Georges Thill. Malheureusement sa carrière fut trop courte. Il marqua la Salle Favart par d'exceptionnelles représentations de la Tosca, de Cavalleria Rusticana, et de Roméo et Juliette. Il chanta au Palais Garnier Aïda, Rigoletto, La Tosca...

Tony PONCET

Débuts en 1957. Lancé, comme Alain Vanzo, Gustave Botiaux et Roger Gardes, par le concours de ténors de Cannes en 1954, il séduisit d'emblée les aficionados de l'Opéra-Comique dans Paillasse, Cavalleria Rusticana, la Bohème. On ne le vit que peu au Palais Garnier. Il s'imposa, en province, comme l'un des successeurs d'Escalaïs et fit admirer sa quinte aigue étonnante dans de mémorables reprises de Guillaume Tell.

Robert GOUTTEBROZE

Débuts en 1959. Pourvu lui aussi d'un contre-ut éclatant, il se vit rapidement confier le rôle de Faust. Il chanta également Carmen, Rigoletto, le Chevalier à la Rose, etc.

Georges LICCIONI

Débuts en 1964. Ce Corse, pur produit de l'Opéra de Marseille, qui sous la direction de Michel Leduc comportait une Ecole de chant, connut à Paris une grande réussite sur les deux scènes de la R.T.L.N., où il aborda plus de 20 rôles. Il fut un des Grieux très remarqué et n'incarna pas moins de 300 fois ce personnage dans la France entière. A l'Opéra il débuta dans le Duc de Mantoue puis fut affiché dans Faust, Mylio du Roi d'Ys, etc. Son dernier emploi à la Salle Favart fut Dick

Georges Liccioni tint, à partir de 1964, la plupart des emplois de ténor demi-caractère à l'Opéra et à l'Opéra-Comique. (ci-dessus dans Don Carlo de Verdi).

Johnson dans la Fanciulla del West, créée avec grand succès par Jean Giraudeau.

Maurice MAIEVSKY

Débuts en 1969. Ce ténor, au physique de jeune premier, pourvu d'un timbre puissant et dramatique, se fit d'abord connaître dans les grandes villes de province où il chanta notamment : Faust, Roméo et Juliette, La Tosca, le Vaisseau Fantôme, etc. Puis, remarqué par Jean Giraudeau dans Don José, il fut engagé dans la Troupe de la R.T.L.N. Au Palais Garnier il interpréta Don Carlos, Carmen, La Tosca. Artiste de dimension internationale il se produisit à l'étranger avec succès dans de nombreux rôles.

Michel CADIOU

Débuts en 1960. Charmant ténor, doué d'un joli timbre et d'une grande étendue vocale il débuta à la Salle Favart dans Mireille et au Palais Garnier dans les Indes Galantes. Il se produisit régulièrement sur ces deux scènes à partir de 1959.

Charles BURLES

Débuts en 1970. Ce Marseillais authentique fit d'abord apprécier sa voix légère et son aigu hors du commun dans sa ville natale. Il mit en relief des rôles de seconds-premiers tels Léopold de la Juive ou Ruodi de Guillaume Tell. La province entière l'applaudit dans la Dame Blanche, Si j'étais Roi, les Pêcheurs de Perles, le Postillon de Longjumeau. Engagé à l'Opéra-Comique par Jean Giraudeau, il joua Zoroastre, l'Annonce faite à Marie, le Barbier de Séville, etc. Rolf Liebermann lui a confié, à partir de 1978 des emplois sur les deux scènes parisiennes et on a pu le voir notamment dans le Couronnement de Poppée, Tom Jones, la Fille du Régiment, etc...

Jean DUPOUY

Il fut engagé dans la Troupe de l'Opéra en 1969. Elève de Jean Giraudeau au Conservatoire, Jean Dupouy s'est vite affirmé comme l'une des valeurs les plus sûres de la nouvelle génération. Remarqué par Rolf Liebermann

il a chanté à Paris Manon, la Bohême et le Chevalier à la Rose comme premier ténor ainsi que toute une série de divers autres rôles. Il s'est produit aux festivals d'Aix-en-Provence, de Tanglewood (USA), de Wexford, et il parcourt le monde entier en y chantant tout le répertoire français pour ténor demi-caractère de même que Butterfly, Lucia di Lammermoor, Rigoletto, la Traviata, etc...

Il faut citer encore **Louis Rialland, Marcel Huylbrock, Pierre Gianotti, Pierre Fleta, Roger Gardes, Jacques Pottier, André Mallabrera, Albert Voli, Bernard Murracciole, Rémy Corrazza,** etc... et cette énumération, nécessairement incomplète, omet de nombreux autres ténors remarquables. Oui, en 1971, on avait assisté à une véritable Renaissance du chant français. Le licenciement de la Troupe fut, sans contredit, un grand malheur.

Charles Burles, ténor léger à la quinte aiguë brillante, excellent comédien, pendant une répétition du Jongleur de Notre Dame de Massenet.

Jean Dupouy (à gauche) dans Lucia di Lammermoor est l'une des valeurs les plus sûres
de l'art lyrique français (à droite Robert Massard).

Gustave Botiaux et Jacqueline Silvy
dans
Roméo et Juliette
1950

13

Albert LANCE

Quand Albert LANCE pénétra dans l'impressionnant bureau de Georges Hirsch, Administrateur de l'Opéra, à l'automne 1956, il se demanda s'il rêvait. Des huissiers en habits noirs chamarrés de chaînes d'or lui ouvraient le chemin, cérémonieusement, et l'appelaient «Monsieur Albert Lance» comme s'il eût été une personnalité connue alors qu'au fond de son être, il ne voyait qu'un petit australien vagabond. Quand le lendemain, venu auditionner avec la Cavatine de Faust, il posa le pied sur la scène du Palais Garnier, il eut le souffle coupé. Déjà il avait fréquenté bon nombre de théâtres, mais qu'il pût exister un plateau de dimensions aussi fantastiques, il n'en croyait pas ses yeux. La fosse d'orchestre était recouverte et, derrière, béait le trou noir effrayant de la salle. Pour atteindre le piano qu'on lui montrait là-bas il se mit à marcher et le trajet lui parut d'une durée considérable. Quand enfin il eut terminé sa Cavatine et qu'il entendit Georges Hirsch l'engager sur-le-champ pour une représentation de Faust fixée à trois semaines plus tard, il ressentit profondément qu'il était happé par l'une des sacro-saintes et géantes Institutions de ce monde, réservée à quelques rares bienheureux pourvus de très grandes voix et disposés à entrer en religion.

Comme son existence venait de basculer! N'avait-il pas, jusque-là, vécu un véritable roman d'aventures qui semblait avoir été conçu dans la plus exacte tradition des auteurs anglais du 18ème siècle ? Il était né Lancelot, Albert, Ingrham, en 1925 à Adélaïde, ville de l'Australie du sud. Quelques générations plus tôt son ancêtre paternel, forçat, était venu y purger sa peine. Son père, bûcheron, s'était très tôt séparé de sa mère. Il avait entraîné Albert dans la vie de la communauté allemande luthérienne d'Adélaïde où, à toute occasion on chantait. Aussi dès sa tendre enfance Albert avait chanté à l'école comme à l'église et sa jolie voix de soprano s'était bientôt fait remarquer. Adolescent, il ne s'aperçut pas qu'il traversait une période de mue, mais il constata un jour que son timbre, resté inchangé, avait acquis un corps et une solidité qui faisaient penser à Richard Tauber, le célèbre ténor allemand. Il ignorait sa mère. De temps en temps, une dame pleine d'affection venait le voir de l'autre extrémité de l'immense Australie, mais il n'en faisait pas cas. Cependant à l'âge de 18 ans il tomba gravement malade; sa mère s'installa à son chevet; ils ne se quittèrent plus. C'est sa mère qui lui révéla qu'il possèdait une voix hors du commun et qui le poussa à la travailler auprès de différents professeurs puis au Conservatoire même de Melbourne. Il commença une sorte de carrière d'artiste-bourlingueur, faisant des radio-crochets, se produisant dans les cafés-concerts et les boîtes de nuit, s'associant aux tournées de Compagnies de Vaudeville. Cette vie dura six années. Il s'y trouvait très bien et ne pensait nullement à l'Opéra. Pourtant le directeur de sa Compagnie de Vaudeville l'envoya un jour auditionner à l'Opéra de Melbourne. Là, à peine eut-il chanté quelques mesures de «Celeste Aïda» qu'on lui proposa un contrat. Il travaillerait avec un chef de chant pendant un an, puis débuterait dans la Tosca. Quelle représentation insolite! Il avait 25 ans et il se trouvait dans l'ignorance absolue de ce qu'étaient une scène d'Opéra, un grand orchestre, un chef d'orchestre, une mise en scène... et le solfège! Il apprit sa partition par l'oreille, alla voir comment jouait un autre ténor, et le jour venu il fut poussé sur la scène: à lui de se débrouiller! Mais ce fut un succès qui, dès lors, le conduisit à faire le tour de l'Australie pour chanter la Bohème, la Tosca et Mme Butterfly. En 1953 il participa à une brillante représentation de gala où étaient donnés les Contes d'Hoffmann devant la Reine d'Angleterre. Il fut présenté à Sa Majesté et au Duc d'Edimbourg! Paradoxalement sa carrière s'interrompit d'un seul coup à cette époque-là. Plus d'engagements. Pour vivre il fut obligé de travailler à l'usine.

Mais la chance le fit remarquer par la femme du professeur français Modesti qui prospectait les belles voix. Modesti lui proposa trois ans de leçons gratuites! Encore fallut-il qu'Albert Lance, totalement démuni, trouvât l'argent, en gagnant un concours de chant, pour venir s'établir à Paris. Pendant 16 mois, Modesti le prit sous sa coupe et l'astreignit à un labeur ininterrompu. Malheureusement les ressources d'Albert Lance s'étaient épuisées et il annonça à son professeur qu'il devait se résigner à regagner l'Australie. Ce dernier tenta alors une démarche auprès de François Agostini, directeur de l'Opéra-Comique, en lui recommandant chaudement son élève. Qu'il l'écoute seulement. Agostini accepta, sans rien promettre. Mais dès l'audition

Albert Lance, fut à son tour le Faust national, mais de surcroit il préta sa voix superbe aux grands rôles de Bizet, de Massenet de Verdi et de Puccini.

il l'engagea. Il le mit entre les mains de Simone Féjard, l'un des plus remarquables chefs de chant de la Salle Favart. C'est ainsi qu'au terme de plus d'une année d'efforts, Albert Lance, initié au pur style français, doté d'un répertoire qui englobait notamment la Tosca, la Bohème, Werther, Roméo et Juliette et Faust, fit ses débuts parisiens dans le rôle de Mario Cavaradossi aux côtés de Berthe Monmart et de Roger Bourdin. Son succès fut aussitôt connu de tous car ce soir-là la presse était venue au grand complet à la création de la Poule Noire de Manuel Rosenthal donnée en première partie du spectacle. Tout Paris sut que l'Opéra-Comique s'était enrichi d'une voix de soleil et cet événement ne manqua pas de venir aux oreilles de l'Administrateur de l'Opéra, Georges Hirsch.

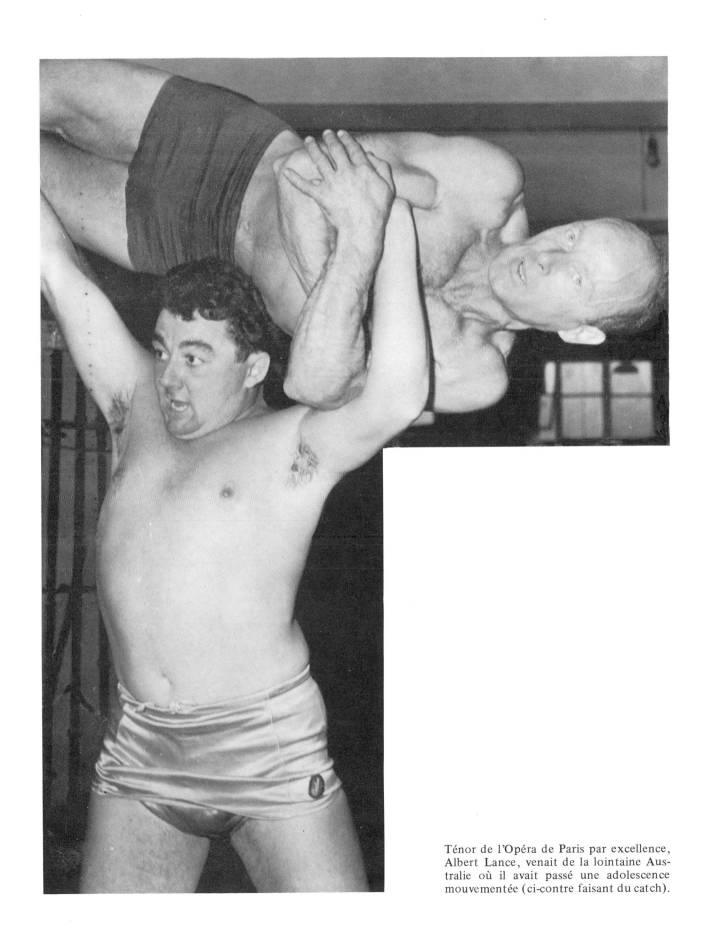

Ténor de l'Opéra de Paris par excellence,
Albert Lance, venait de la lointaine Australie où il avait passé une adolescence
mouvementée (ci-contre faisant du catch).

Voilà pourquoi Albert Lance endossa le pourpoint de Faust le 25 Novembre 1956. De 1956 à 1972 il fut l'un des quelques artistes prestigieux qui règnèrent sur la R.T.L.N., qui furent considérés comme porteurs du flambeau de la tradition française et grâce à qui on assista à une véritable renaissance du chant national. Aucune de ses prises de rôle ne passa inaperçue, qu'il s'agisse de La Vie de Bohème, de Madame Butterfly, de Werther, qui lui valut sans doute son plus grand succès à la Salle Favart, de Carmen dans la nouvelle mise en scène de Raymond Rouleau, de la Tosca au Palais Garnier avec la Callas et la Tebaldi comme partenaires, du Bal Masqué dont la représentation parisienne eut un énorme retentissement, de Roméo et Juliette, de Rigoletto, de Médée, etc. Jean Giraudeau, préfet du chant puis Directeur de l'Opéra-Comique l'incita à introduire dans son répertoire des rôles de ténor «large» comme Canio de Paillasse. C'était là une appréciation judicieuse de l'exacte tessiture d'Albert Lance. Les plus importants Opéras du monde offrirent des contrats à Albert Lance, mais le plus souvent il dut décliner les invitations, entravé qu'il était par la discipline de la Troupe. Il réussit néanmoins à donner d'exceptionnelles représentations de Rigoletto au Covent Garden de Londres avec Joan Sutherland

On le considérait comme un pur produit français et cependant il était de nationalité, australienne. Aussi demanda-t-il à être naturalisé. Son dossier ne stagna pas moins de 8 années dans les piles qui s'accumulaient sur les bureaux de l'Administration. Un jour, las d'attendre, il se fâcha tout rouge et écrivit au Général de Gaulle en personne. Par retour du courrier il obtint une réponse où il était dit «qu'en raison de son apport au patrimoine de la culture il pouvait d'ores et déjà se considérer comme français». L'acte officiel fut délivré en 1967. Au moment de la période perturbée des années 1971 à1973, Albert Lance s'associa avec fougue aux protestations de ceux qui s'indignaient de la dissolution de la Troupe. Il quitta Paris et partit chanter à l'Opéra du Rhin dirigé par Alain Lombard. Il s'y épanouit pleinement et pendant quatre années chanta de nombreux ouvrages et en particulier : le Vaisseau Fantôme, Salomé, Paillasse, Elektra, Madame Butterfly. Puis il se mit en semi-retraite et consacra une partie de son temps à l'enseignement. Ce ténor de boîtes de nuits australiennes, devenu l'un des piliers de l'Opéra de Paris, à une certaine époque promu Don José national, transmettra désormais aux autres sa science de chanteur et sa connaissance de l'authentique style français.

Lance Ingrham, en représentation de la Tosca à Sydney, fut réellement atteint par une balle de fusil lors de l'exécution de Mario Cavaradossi par le peloton de soldats au dernier acte.

14

Michel SENECHAL

«Que pensez-vous de Michel SENE-CHAL?» demandera-t-on à l'issue d'une représentation des Noces de Figaro. - «Il est indiscutablement l'un des plus talentueux artistes actuels, capable de donner un relief saisissant à des rôles d'apparence insignifiante. Mais il émane de lui quelque chose de bizarre, de marginal, d'inquiétant. On éprouve une sorte de retenue devant ses personnages, car on se demande, suivant la formule d'André Gide, jusqu'où ils risquent de nous entraîner trop loin. Son expression comique tient à la fois de l'humour noir et du burlesque accentué et pour en rire il faut franchir le cap d'une certaine pudeur. Qu'on soit pour ou contre le «style-Sénéchal», on en est profondément marqué, et bien qu'on ait en tête le feu d'artifice de tous les airs à succès de Figaro, de Suzanne, de Chérubin, du Comte ou de la Comtesse, on ne se pose pas moins la question de savoir si le noir et détestable Basile ne constitue pas le pivot de cet opéra de Mozart. Et ne ressort-il pas enfin de Michel Sénéchal, l'être à double face, comme chez le Dr Jekyll et Mr Hyde dans le roman de Stevenson, où, en étant honnête, chacun doit avouer se reconnaître un peu dans les deux personnages? A la vérité on se trouve plongé en grande perplexité pour porter un jugement sur Michel Sénéchal...» S'il entendait semblable appréciation, ce dernier ne serait sans doute pas insatisfait car il y trouverait une caution à l'évolution qu'il a suivie pendant sa carrière.

Né à Paris en 1927, d'une souche de 5 générations de parisiens, Michel Sénéchal a chanté dès l'enfance avec une voix d'alto dans la chorale d'un collège de pères Maristes puis dans celle de l'église de Taverny. Là, le maître de chapelle, ancien ténor de l'opéra de Lyon en qui brûlait le feu sacré, lui communiqua sa flamme pour le chant. A la mue son timbre grave d'enfant céda la place à une claire voix de ténor. Il la travailla au Conservatoire avec Gabriel Paulet qui prit le plus grand soin de ne pas contrarier la nature de son élève : loin de l'astreindre à chanter comme les autres il s'employa à sauvegarder et même à développer ce que sa personnalité contenait d'original. En 1950, il obtint un premier prix dans la Cavatine de Faust devant une assistance qui, suivant l'usage de l'époque, réunissait toute la presse et la plupart des directeurs des Opéras. Parmi ces derniers, se trouvait le directeur de la Monnaie de Bruxelles qui l'engagea sur-le-champ. Le départ dans la vie active était ainsi donné à un artiste destiné à tenir

Platée, de Rameau, est l'un des grands rôles que Michel Sénéchal s'est appropriés grâce à sa science de musicien et à son talent d'acteur.

les rôles de jeunes premiers amoureux. Au reste, tout l'y incitait, la couleur de son timbre, l'ampleur de son volume sonore et l'étendue exceptionnelle de son registre allant du do grave au contre-mi bémol aigu. Michel Sénéchal pouvait ambitionner de se constituer un répertoire de premier ténor «léger» et «lyrique» d'opéra et d'opéra-comique en y incluant même, s'il le voulait, Des Grieux ou le Duc de Mantoue. Cependant il se lassa vite des rôles qui, mises à part les difficultés vocales qu'entraînait leur interprétation, stagnaient dans la banalité et ne possèdaient guère d'épaisseur psychologique.

Il ne resta que deux années à la Monnaie, car le directeur mourant subitement au pupitre en dirigeant la Flûte Enchantée, le théâtre dut être fermé faute de bénéficier des subsides que cet homme généreux et passionné prodiguait pour équilibrer le budget. Rentré en France, il chercha des emplois en province. Il se présenta au Concours de Genève, subissant d'abord un échec cuisant, mais l'année suivante, grâce à un travail intensif avec Salvatore Salvati, remporta le premier prix. Le coup d'envoi se trouvait ainsi donné à sa carrière internationale : il succéda au grand Anton Dermota qui pendant 20 ans avait chanté à Salz-

Michel Sénéchal a su, en outre, mettre au premier plan des personnages jugés naguère comme secondaires (ci-contre Basilio de Nozze di Figaro).

bourg le Requiem de Mozart, et il fut engagé au Festival d'Aix où il se produisit 23 années consécutives, créant Platée de Rameau, et chantant le répertoire mozartien. Il était dans la logique des choses qu'il entrât dans la troupe de la R.T.L.N. En 1961 on put le voir débuter à l'Opéra-Comique sous les traits du Comte Almaviva du Barbier de Séville. Mais voici que brutalement, l'Administrateur de l'Opéra, Georges Auric, le licencia alléguant «des raisons de budget». Que faire pour se tirer de ce mauvais pas ? Michel Sénéchal se tourna vers Bernard Lefort qui venait d'ouvrir un bureau d'impresario, et séance tenante, grâce à ce dernier, il fut accueilli par l'Opéra de

Vienne. Ce n'était pas un mince honneur que d'être le premier ténor français à incarner Tamino dans la pure tradition de ce Temple où Mozart tient la place d'une divinité nationale! Il resta 5 années à Vienne, chantant un vaste répertoire où figuraient le Mariage Secret, le Comte Ory, l'Heure Espagnole, l'Enfant et les Sortilèges, la Veuve Joyeuse, etc.

Cependant il continuait à apporter son concours au Festival d'Aix en Provence. Là un beau jour, le téléphone sonna pour lui ; c'était Jean Giraudeau, tout récemment promu directeur de l'Opéra-Comique, qui, dans

Convié de manière ininterrompue aux grands Festivals Européens, Michel Sénéchal s'est lié d'amitié avec les artistes internationaux les plus célèbres (ci-dessus avec Elisabeth Schwarzkopf).

le souci d'améliorer sa troupe, avait pensé que la collaboration de Michel Sénéchal serait des plus précieuses... et qu'il ne fallait pas négliger l'occasion de réparer une injustice criante. Michel Sénéchal accepta dans la joie et participa aux multiples reprises et créations qu'entreprenait Giraudeau pour la relance de la Salle Favart, telles que celle de Lulu, du Comte Ory, de Mireille, de Mignon, etc. Parallèlement le Festival de Salzbourg, chaque année lui ouvrait ses portes. Cela dure encore. - «Michel, vous mourrez à Salzbourg!» lui dit Karajan en boutade, de sa voix éraillée. Après la réouverture de l'Opéra par Rolf Liebermann, Paris put de nouveau entendre Michel Sénéchal et l'apprécier dans le style de maturité qu'il n'avait cessé de cultiver ayant abandonné peu à peu les «jeunes premiers amoureux». Il reparut dans Platée, qu'il s'était définitivement approprié, il étonna par la dimension qu'il apportait à Basile, il envoûta avec ses compositions inattendues et troublantes dans les Contes d'Hoffmann.

Il est devenu notoire que cet homme, possédé par le démon du théâtre bien qu'ayant appris seul le métier d'acteur, est capable d'analyser et de capter la psychologie de certains personnages, puis de la communiquer au public dans une expression fulgurante où il engage son être entier, sans pudeur et sans retenue, et que, si le public reçoit et donne le retour, une véritable célébration lyrique collective se met en branle. Au demeurant Michel Sénéchal n'hésite pas à comparer un théâtre à une église : il lui faut en franchir le seuil pour pouvoir se concentrer, tout comme pour prier. Depuis l'année 1979, Michel Sénéchal consacre une bonne part de son activité à l'Ecole de Chant de l'Opéra. Sur les directives de Bernard Lefort, Administrateur de l'Opéra, il s'efforce de former des sujets destinés à reconstituer une troupe de 60 membres pour l'opéra de Paris. Il a déjà réuni 24 élèves parmi lesquels se trouvent quelques voix exceptionnelles susceptibles de connaître un brillant avenir. Il les fait travailler assidûment tout comme des sportifs à l'entraînement des compétitions, et il leur apprend la technique vocale ainsi que le style d'interprétation.

Qu'il chante la musique de Rameau, qu'il aborde les mélodies dans les récitals qui représentent son terrain d'évolution préféré, ou en-

fin qu'il enseigne l'art de chanter le répertoire dans son authentique tradition, Michel Sénéchal occupe une place à part et très originale parmi les ténors de sa génération, et il est grand représentant de l'Art Lyrique Français. Humble, parce qu'il est à la recherche de la perfectibilité, mais fier, quand il réussit, il s'engage à fond, et, avec sa sensibilité exacerbée il se met au service des Oeuvres avec la volonté de communiquer à autrui les beautés qu'elles recèlent. Mais si l'on doit décerner à Michel Sénéchal son plus beau titre de gloire, ce sera en constatant qu'il a tiré de l'ombre un certain nombre de rôles qu'auparavant on considérait comme secondaires et à qui, grâce à lui maintenant, on attribue une place essentielle dans les mises en scène. Désormais quel chef d'orchestre ou quel directeur de théâtre, soucieux de produire un spectacle de qualité, admettra-t-il un interprète médiocre et falot pour incarner Basile, Spoletta ou Frantz sans appréhender un «trou» inacceptable au sein de sa distribution ? Michel Sénéchal a administré la preuve que les personnages sacrifiés n'existaient plus et ses compositions de «caractère» sont un véritable apport nouveau à l'art lyrique. Sans Basile-Sénéchal les Noces de Figaro auraient-elles suffisamment de sel ? N'est-ce pas là toucher du doigt le progrès de la culture ?

Michel Sénéchal devant Jean XXIII à l'issue d'un concert au Vatican, donné dans la grande salle située au-dessus des portes de Saint-Pierre de Rome.

15

Alain VANZO

Rien de plus intéressant que de suivre un chanteur dans les péripéties de sa jeunesse : c'est là qu'un déterminisme obstiné assorti d'une série de hasards prépare le chemin qui mènera un jour à l'Opéra. - Comment s'est-il trouvé que vous soyez parvenu jusqu'au Palais Garnier ? Invariablement cette question suscitera la même réponse : - J'ai vécu un vrai roman. Cependant je n'ai jamais imaginé qu'il puisse y avoir d'autre issue, dans ma vie, que le chant.

La carrière d'Alain VANZO n'échappe pas à cette loi. Si loin qu'il remonte dans son passé il se voit en train de pratiquer la musique. Il est artiste-né. Petit soprano soliste dans les églises, pianiste d'instinct ignorant tout du solfège mais capable de reproduire ou d'improviser n'importe quel air sur le clavier, il sera mû, adolescent, par une force irrésistible qui l'amènera à créer un orchestre de variétés où il jouera de chaque instrument, accordéon, batterie, contrebasse, etc., et qui le conduira dans les boîtes de nuit, les cabarets et les brasseries d'Aix-les-Bains. Ses origines transalpines ne sont certainement pas étrangères à une semblable vocation. Il est né à Monaco, le 2 Avril 1928, d'un père, authentique italien, qui le

poussera vers le métier d'artiste. Cependant Alain Vanzo se rend compte bientôt que la nature l'a doté d'une voix exceptionnelle. Il braque son regard vers l'Opéra de Paris. Certes son petit orchestre, le «bastringue», lui permet de subvenir à ses besoins et d'acquérir du métier au contact du public, mais il le considère comme un moyen et non pas comme une fin. Alain, simultanément, travaille la diction, l'émission vocale et le répertoire lyrique avec Madame Audouard, précieux professeur qui lui inculque les notions essentielles sur lesquelles il construira sa carrière. Puis il vient à Paris en 1950. Il s'intègre à un orchestre tzigane, «les Vinitsky», et chante à la brasserie «Le Globe» des chansons et des airs d'opérettes auxquels il mèle çà et là une «Plume au vent» brillante. Le théâtre du Châtelet affiche Le Chanteur de Mexico et cherche des doublures pour Luis Mariano, au faîte de sa gloire, qui donne une, voire deux représentations par jour : voilà Alain Vanzo engagé pour quelques spectacles, rêvant de devenir lui aussi un «Prince de l'Opérette», (alors que la plus grande ambition de Mariano consistait alors à entrer à l'Opéra !).

En 1954 on annonce un grand concours

Alain Vanzo a consacré une bonne part de sa carrière aux emplois «demi-caractères» d'opéra-comique. Le voici lors d'une répétition de Lakmé, avec Christine Eda-Pierre au Théâtre Antique d'Orange.

de ténors à Cannes et Alain Vanzo pressent aussitôt qu'une partie capitale pourrait jouer dans sa vie. Avec fièvre, chez Madame Darcoeur, il se prépare à affronter les épreuves; il passe le cap des éliminatoires à la Gaîté Lyrique; il participe à la finale à Cannes; il remporte le premier prix, ex-aequo avec Gustave Botiaux, Roger Gardes, Tony Poncet - Guy Chauvet vu son jeune âge étant classé différemment. Quelle mine d'or pour l'Opéra de Paris! Désormais ces cinq lauréats tiendront une place essentielle sur le marché lyrique français... Aussitôt incorporé dans la troupe de la R.T.L.N. Alain Vanzo plein de joie et de respect découvre la grande Maison fourmillante d'artistes célèbres, fière de ses traditions et régie par sa disciple. Il n'est pas question qu'il

se prenne pour une vedette : comment le pourrait-il alors qu'il côtoie José Luccioni, Raoul Jobin, René Verdière ou Georges Noré? Tel un «bleu» à l'armée, il fera d'abord ses classes ! Simone Féjard, l'un des plus admirables chefs de chant de l'Opéra-Comique lui enseigne les principaux rôles de ténor demi-caractère et le pur style d'interprétation des ouvrages. C'est ainsi qu'Alain Vanzo se constitue un répertoire où figurent : Nadir, Vincent, Gérald, des Grieux, Rodolphe de la Bohème, etc... Mais point n'est encore question d'incarner au théâtre de tels personnages. Sur scène il lui faut d'abord s'aguerrir, «avoir le pied marin» et, pour ce faire, on ne lui confie guère que les petits rôles et les «pannes», tels un officier dans le Barbier de Séville, un marchand dans Lakmé, un pirate dans Obéron, Arlequin dans Paillasse ou Cassio dans Othello. Il resta à cette école durant deux années complètes. Puis en 1956 il effectue ses vrais débuts à l'Opéra-Comique dans un seul acte des Pêcheurs de Perles, et au Palais Garnier dans Rigoletto en entier. Il est très à l'aise : ne compte-t-il pas déjà à son actif dix années d'existence d'artiste ? Cependant, jusqu'en 1959, on lui interdit les emplois dramatiques et on lui donne pour règle de chanter en deçà de ses possibilités. Il a 30 ans et il doit savoir que tout jeune artiste se trouve à la merci d'une usure prématurée de sa voix et qu'avant la quarantaine nul ne saurait prétendre à accéder à la plénitude de ses moyens. Alain Vanzo est un chanteur que la Troupe économise soigneusement et c'est donc la Salle Favart qui constitue pour commencer son principal terrain d'évolution. Le public l'adopte avec cha-

Mais Alain Vanzo n'a pas négligé les rôles de grand opéra de Gounod, Puccini, Verdi etc... (ci-contre dans Don Carlo).

leur. Comment ne pas s'extasier devant le charme de sa voix qui lui permet de roucouler le rêve de Des Grieux ou la romance de Nadir, avec la grâce d'un Edmond Clément ou d'un Villabella ? Vanzo se crée alors la réputation d'être un ravissant ténor léger doté d'un bel aigu «en éventail». A l'Opéra on le voit paraître dans Ottavio de Don Juan ou dans Rodolphe de la Traviata. De quelle inquiétude les amateurs ne se trouvent-ils pas envahis lors-

qu'il se met à chanter un beau jour Lucie de Lammermoor, puis le Bal Masqué, Faust, Don Carlos, Werther et même Cavalleria Rusticana! N'est-ce pas pure folie ? Ne va-t-il pas bientôt succomber à son orgueilleuse ambition de vouloir aborder un répertoire trop lourd pour lui ? Mais le public qui assiste à ces représentations se rassure vite; mieux encore, il s'abandonne à l'enthousiasme car il a la révélation que la France possède un extraordinaire té-

En 1978, Alain Vanzo participa à la réouverture de l'Opéra-Comique en incarnant Werther dont il était, sans nul doute, le meilleur interprète du moment.

118

nor de l'essence même d'Ansseau ou de Thill ! Joan Sutherland, venue interpréter à Paris une série de représentations remarquables de Lucie de Lammermoor, n'hésite pas à déclarer à la cantonade son admiration pour Alain Vanzo qui, auprès d'elle, incarne un Edgard digne de Gigli. Au reste, les ressemblances ne manquent pas entre Vanzo et le «Pape» des ténors italiens, ne serait-ce que grâce à la voix mixte. Rarement a-t-on entendu organe aussi suave ! Vanzo s'installe alors dans sa gloire : il est l'une des plus précieuses richesses de la R.T.L.N. ; sa notoriété gagne du terrain à chaque saison. Soudain les événements de 1971-1972 bousculent cette belle harmonie et le jettent hors du Palais Garnier comme les autres. Pour toute pâture on lui propose le rôle du cuisinier Pong dans Turandot. Il refuse. Il prend son bâton de pèlerin et parcourt la province, très applaudi mais en proie à une profonde amertume... Cependant l'horizon semble çà et là s'éclaircir à nouveau. En 1973 Alain Vanzo représente la France au centenaire de la naissance de Caruso aux côtés de Mario del Monaco et de Luciano Pavarotti. A partir de 1974, Rolf Liebermann le rappelle au Palais Garnier. Il incarne d'abord Des Grieux dans Manon, mais le résultat est décevant: le public reste tiède devant l'ouvrage de Massenet alors que Vanzo, pour sa part, enroué lors de la «dernière» doit déployer un courage surhumain pour tenir jusqu'au bout de cette représentation qui marque sa rentrée à Paris. Puis on lui confie le petit rôle du chanteur italien dans la production du Chevalier à la Rose de Richard Strauss, accueillie certes dans l'enthousiasme mais ne lui laissant qu'une bien courte occasion de faire valoir sa voix. Non, on ne voit pas encore la fin de ce maussade purgatoire... Si, en Avril 1976, il endosse la redingote Napoléon III du Docteur Faust «relu» par Jorge Lavelli, c'est seulement pour une reprise où il vient derrière Nicolaï Gedda, titulaire du rôle aux premières. Mais il est écrit que la coupe de jouvence de Faust va le métamorphoser et le placer enfin sur la brillante orbite internationale. Nul n'étant prophète en son pays, Vanzo conquiert la gloire à New-York, lorsque l'Opéra de Paris au grand complet exporte, outre-atlantique, ses superbes productions de «Le Nozze di Figaro», «Otello», et «Faust». De toute la troupe c'est Alain Vanzo qui est le plus applaudi par les Américains stupéfaits de découvrir qu'il existe un ténor français de semblable envergure. Dorénavant Liebermann le prendra très au sérieux. C'est à lui qu'il donnera, en 1978, avec Werther, l'émouvante responsabilité d'inaugurer la réouverture du pauvre Opéra-Comique, tombé dans un silence sinistre depuis de longues années, et non seulement ce Werther suscitera au printemps et à l'automne des salles bondées d'amoureux de la Salle Favart, mais il permettra à Vanzo, par son style français, par sa diction parfaite, par sa voix jeune, tendre et rayonnante de démontrer qu'il est, n'en déplaise à certains snobs du disque, le seul authentique Werther de sa génération. Il administrera la même preuve de sa supériorité en Avril 1980 au Palais Garnier dans une série de Faust où la distribution composée de Valérie Masterson - Marguerite, José Van Dam - Méphisto, Alain Vanzo - Docteur Faust, se révèle comme étant la plus parfaite au monde. Il tirera les larmes des yeux des spectateurs de la Salle Favart lors de son récital du 28 Avril : le théâtre, après chacun des airs divinement chantés par Alain Vanzo, crépite sous les applaudissements qui ne s'arrêtent pas, comme jadis au temps des triomphes de Jan Kiepura, de Giuseppe Lugo, d'Enrico di Mazzei. L'Opéra-Comique serait-il un paradis retrouvé ? Les places de Carmen, en Mai 1980, y sont prises d'assaut et l'on assiste à une retentissante explosion de délire le jour de la dernière, lorsque Vanzo succède à Domingo. Le public parisien sort enfin de cette longue période de pénitence où les sentiments de doute, de frustation et d'infériorité l'empêchaient d'apprécier son propre patrimoine; il redécouvre le génie des compositeurs français et place celui du créateur de Carmen au niveau supérieur; il n'a plus honte de clamer tout haut qu'Alain Vanzo possède la maitrise absolue de l'art d'interpréter Massenet, Gounod et Bizet, lui qui, ayant surclassé naguère Nicolaï Gedda dans Faust, vient d'effacer à la Salle Favart, en une seule matinée, le souvenir des trois soirées où Placido Domingo a joué le personnage de Don José. Pour tous les mélomanes, bourgeois ou étudiants, français ou étrangers, il existe maintenant une certitude : Alain Vanzo a pris place dans la galerie des illustres ténors de l'histoire de l'art lyrique, non loin de Tito Schipa, de Benjamino Gigli et de Georges Thill.

Discographie d'Alain Vanzo :

Outre les nombreux disques qu'il a gravés dans la première partie de sa carrière pour des firmes à diffusion purement française, Alain Vanzo a réalisé notamment les enregistrements intégraux des oeuvres suivantes : Les Pêcheurs de Perles - Mignon - Lakmé - Le Jongleur de Notre-Dame - Mireille - Pénélope - La Grande Duchesse de Géroldstein - La Périchole.

Alain Vanzo dans sa loge lors d'un entracte de la Bohème.

16

GUY CHAUVET

Il ne faut pas éprouver la moindre réticence à affirmer que Guy Chauvet est un extraordinaire phénomène vocal. Il convient même d'ajouter haut et clair, en cette époque où dans certains milieux snobs, il est de bon ton de dénigrer «ces pauvres chanteurs français», que la voix de Guy Chauvet est, par sa puissance et par son étendue l'une et l'autre fabuleuses, un spécimen unique au monde. Que l'on en juge plutôt. Les ténors doués couvrent un registre d'une étendue de deux octaves, allant du do grave au contre-ut de poitrine ; certains sujets exceptionnels ajoutent à cela un ton ou deux dans le grave ou dans l'aigu. Or Guy Chauvet ne possède pas moins de trois octaves : il accède au contre-ré aigu de poitrine et il descend jusqu'au contre-ré grave de la basse profonde, gardant sur toute cette longueur éclat et facilité ! Caruso chanta une fois l'air de Colline dans la Bohème et cet événement resta à jamais inscrit dans la légende du héros napolitain: Chauvet, lui, pourrait interpréter, en se jouant, les passages les plus creux de Méphisto ou de Basile. Quant à la puissance elle se mesure, on le sait, en décibels et elle atteint pour les voix de grand opéra du type Thill ou Luccioni, 130 décibels. L'éclatant Mario del Monaco avait la fierté d'annoncer qu'il émettait

135 décibels. Un jour Guy Chauvet fut testé dans un laboratoire d'automobiles à Turin. Quelle ne fut pas la stupéfaction des techniciens losrqu'ils constatèrent qu'il produisait un vacarme de 140 décibels !

Au reste, dès ses premières apparitions sur les planches, Chauvet n'a pas manqué d'impressionner le public par ses décibels tonitruants. Les mélomanes parisiens se rappellent encore la reprise de gala de Lucia di Lammermoor, à l'Opéra en 1960. Joan Sutherland, Alain Vanzo et Robert Massard y incarnaient admirablement les grands héros du drame. L'artiste qui tenait le petit rôle d'Arturo entra en scène : il chanta les quelques mesures qui lui étaient dévolues et le public l'acclama à tel point que l'orchestre s'arrêta de jouer. C'était Guy Chauvet, jeune débutant encore inconnu. Ce succès insolent paru inconvenant au directeur de l'Opéra qui dessaisit sur-le-champ Chauvet de cet emploi et le confia à un artiste médiocre. On était loin de la révolution que Michel Sénéchal devait apporter grâce à ses compositions élaborées des personnages «secondaires».

Mais ces considérations ne sont nullement destinées à réduire le talent de Guy Chauvet au niveau de la simple performan-

ce. Car dans les yeux de ce robuste athlète on peut voir luire deux flammes intenses
qui éclairent toute sa vie : l'une est le signe de
sa passion incommensurable pour l'art lyrique, l'autre exprime son énergie indomptable
et sa volonté de se surmonter.

Il n'est que de retracer sa carrière pour
s'en convaincre. Guy Chauvet est né à Mont-
luçon le 2 Octobre 1933 mais pendant toute
sa jeunesse il a vécu à Tarbes et il se considère
comme un authentique pyrénéen. Bien que
personne ne s'intéressât à l'art lyrique au sein
de sa famille, il eut dès l'âge de 7 ans la révélation du plaisir irrésistible que lui procurait à la
Radio l'écoute des belles voix. Il se prit d'en-
gouement pour celles d'André Dassary et de
Georges Guétary. La chanson «Ramuntcho
c'est le roi de la montagne» fit les délices de

ce garçon qui entra dans les chorales et ensembles vocaux de sa ville et ne cessa plus de
chanter. Sa première émotion lyrique profonde lui fut donnée, dans le film «Au bout de la
route», par José Luccioni qui chantait sur un
rocher, face à un lac pyrénéen, l'Invocation
à la Nature de la Damnation de Faust. Quand
il sortit du cinéma, il se trouva envahi par un
transport de délire semblable à une poussée
de 40 degrés de fièvre.

A quelques années de là le grand tour-
nant de sa vie se produisit. Il avait 16 ans
et, avec une bande joyeuse de copains, il
musardait un soir dans une fête de quar-
tier de Tarbes. Il s'arrêta devant des tré-
teaux où se déroulait un Radio-crochet : le
meilleur chanteur gagnerait une bouteille de
champagne. Ses amis le poussèrent, il monta

En 1954 le concours des ténors de Cannes consacra 5 lauréats : Tony Poncet, Roger Cardes, Guy Chauvet, Gustave
Botiaux et Alain Vanzo (de gauche à droite). Tous furent engagés à l'Opéra. Guy Chauvet était le benjamin.

sur le podium et chanta «Ramuntcho» et «Maritchu» de son cher Dassary. On lui décerna le prix. De là commencèrent les enchaînements magiques de son conte de fée. Un monsieur s'approcha de lui : «Je suis un chemineau mais j'ai étudié le chant. Je puis vous affirmer que vous avez une voix d'opéra excep-

tionnelle. Il faut absolument la travailler. Venez avec moi, je vous présenterai à M. Gaillour professeur au Conservatoire». Cela fut fait. M. Gaillour l'entendit et le prit sur-le-champ dans sa classe.

Guy Chauvet se consacra alors avec ardeur à la musique et au chant. Il progressa à

Après s'être ménagé durant quelques années Guy Chauvet donna la mesure de ses extraordinaires moyens. Ci-contre dans Enée de la Prise de Troie de Berlioz.

la vitesse de l'éclair et s'inscrivit bientôt à tous les concours de chant importants qui se déroulaient en France : Concours des ténors de Cannes en 1954, Concours International de Toulouse en 1955, Concours des voix d'or de Francis Cover à Luchon en 1958... Chaque fois il remporta le prix. Pour subvenir à ses besoins, il travaillait comme employé au cadastre, mais après sa consécration aux Voix d'Or il fut engagé par l'Opéra de Paris. Il entra donc dans la Troupe comme «artiste-élève», en 1958. La Troupe ! Vingt ans plus tard, Guy Chauvet en parle avec la nostalgie désolée qui dut être celle des latins civilisés après le sac de Rome par les barbares ! Au Palais Garnier on comprit d'emblée qu'il deviendrait l'une des illustres valeurs de l'Ecole française et on s'employa à lui apprendre le métier avec soin et précaution. Georges Hirsch, administrateur, Jean Giraudeau, préfet des études vo-

Chauvet devint un Prince Calaf de Turandot mondialement réputé.

cales, Servanti et Maurice Faure, chefs de chant, le prirent littéralement en charge, afin de lui transmettre le flambeau. Jean Giraudeau le «couva». Ne se plaçait-il pas dans les coulisses à quelques mètres de Guy Chauvet lorsque ce dernier devait affronter le redoutable air d'entrée de Mario dans La Tosca «O de beautés égales» ? Les deux hommes ne se quittaient pas des yeux, Giraudeau chantait en même temps que Chauvet et le soutenait dans les aigus par de larges gestes de chef d'orchestre ! Quant aux discussions professionnelles entre ces êtres qui partageaient le même enthousiasme, elles furent innombrables.

Durant une année et demie Guy Chauvet travailla la Damnation de Faust, ne se produisant sur scène que dans de courts emplois tels Borsa de Rigoletto, le Messager d'Aïda, Arturo de Lucia di Lammermoor ou un homme d'armes de la Flûte Enchantée. C'est dans cette dernière oeuvre qu'il accomplit ses tout-premiers débuts à l'Opéra aux côtés de Jean Giraudeau (Tamino) et de Jean-Pierre Hurteau (un second homme d'armes), la hallebarde tremblotante sous l'effet du trac qui secouait son bras. D'«artiste-élève», il devint rapidement «second plan», puis «second des premiers» et enfin «premier ténor» en 1961. Il se constitua un répertoire où figurèrent, outre la Damnation de Faust et la Tosca, Fidelio, les Indes Galantes, Les Troyens à Carthage, - où il fut à la dernière heure, à son corps défendant, désigné par l'administrateur pour remplacer son ami Gustave Botiaux - Iphigénie en Tauride, Don Carlos, Carmen, qu'il n'aborda qu'à l'âge de 33 ans, Paillasse, dans lequel il obtint un succès considérable à la Salle Favart, Antigone de Honegger, et plus tard, en 1972, Turandot. De 1961 jusqu'à la fermeture de l'Opéra, Guy Chauvet a participé à quelque huit cents représentations de la R.T.L.N. Lorsque le licenciement définitif des chanteurs intervint, Guy Chauvet n'éprouva nulle difficulté à se recycler. Il y avait fort longtemps qu'il avait noué des attaches avec les directeurs des Grands Théâtres en Province ainsi qu'à l'étranger. Aussi son carnet d'engagements se remplit-il de façon ininterrompue.

Dorénavant Guy Chauvet parcourra le monde entier : Scala de Milan, San Carlo de Nalpes, Mai Florentin, Festival de Vérone, Fenice de Venise, Berlin, Hambourg, Francfort, Munich, Dusseldorf, Mannheim, Monnaie de Bruxelles, Amsterdam, Covent Garden de Londres, Stadtsoper, de Vienne, Metropolitan Opera de New-York, Carnegie Hall, Colon de Buenos-Aires, à quoi s'ajoutent encore ses tournées en Grèce, en Iran, au Japon, etc.

Si paradoxal que cela soit, la seule capitale où l'on n'entend plus Guy Chauvet, est bel et bien Paris. A peine y a-t-il interprété une courte série de Samson et Dalila en l'espace de 8 années. Qu'importe ! Guy Chauvet n'en fait pas moins résonner ses 140 décibels et sa magnifique voix mixte pour le prestige de la France. Il ne faut pas omettre de rappeler que Guy Chauvet a obtenu le Grand Prix du Disque (1961), qu'il a reçu l'Orphée d'Or du meilleur chanteur français (1976), qu'il a participé au centenaire d'Aïda au Festival de Vérone, qu'il a représenté... l'Allemagne de l'Ouest (Sic) en 1972 au Festival International à Osaka, qu'il fut du 800ème anniversaire de Notre Dame de Paris, du bi-centenaire du Rocher de Monte-Carlo et au centenaire de la Salle Garnier à Monte-Carlo encore.

Il a considérablement élargi son répertoire. Hérodiade, Orphée, l'Enfance du Christ, le Requiem de Berlioz, Louise, Le Prophète, interminable et écrasante partition de 4 heures qu'il est actuellement le seul ténor à interpréter, se sont ajoutés aux ouvrages français qu'il pratiquait à la R.T.L.N. Aïda, Turandot, Othello comptent parmi ses chevaux de bataille; il chante en allemand Lohengrin, Fidelio, La Walkyrie, Parsifal; bientôt il abordera Siegfried et, sans doute, un jour Tristan. Jamais Guy Chauvet n'a déployé autant d'activité que maintenant : ainsi, à l'automne 1979 vient-il de donner au «Metropolitain Opéra» de New-York 25 représentations (8 du Prophète et 7 de Carmen) en 52 jours (répétitions non comprises). Quel déploiement d'énergie ! Quel courage ! Guy Chauvet mène inlassablement une existence dont la trame est tissée d'efforts âpres et permanents qui vont parfois jusqu'à la souffrance mais qui lui permettent d'accéder à cette merveilleuse exaltation lyrique qu'il considère comme la vraie source de bonheur de l'artiste.

Guy Chauvet

Guy Chauvet présenté à la reine Fabiola de Belgique. ▶

17

Gilbert PY

Est-il «Monsieur muscle», est-il Tarzan, est-il un bel animal sauvage ? Au reste, pendans son adolescence de bohémien, combien de fois n'a-t-il pas pénétré dans la cage aux lions ! Il en a conservé un regard de dompteur et, depuis la scène, au théâtre, s'il fixe avec intensité les spectateurs, ceux-ci ont la sensation de subir une domination. Son être recèle deux personnages distincts : l'homme de la vie courante, affable, simple, presque timide, et le héros de ses opéras. Le passage d'un état à l'autre résulte d'une lente alchimie dont le processus invisible se déclenche plusieurs jours avant la représentation, lorsqu'il entre en phase de concentration. Puis, le moment fatidique se rapprochant, le trac l'envahit et il cherche à se décontracter de son mieux : il promène son chien ou bien il se couche sur son lit et là, les yeux fermés, il invente pour lui-même des histoires drôles. Quant aux trois dernières heures qui précèdent le spectacle il les passe au théâtre. Sa femme le maquille. Il va et vient sur le plateau. Il éprouve une humilité intense. Mais soudain c'est la métamorphose ! Transformé en Samson, Othello, ou Siegmund il acquiert une dimension et projette un rayonnement tels que son entourage tombe fasciné ! «Comme tu es beau !» s'ex-clament les choristes en voyant arriver en coulisses cet athlète superbe à l'autorité souveraine. Dès son entrée en scène il se trouve projeté dans une sorte de tunnel où il lutte seul ou presque, sentant surtout dans l'obscurité la présence du chef d'orchestre. Comme José Luccioni naguère, il prend çà et là, quelques spectateurs comme points de repère des réactions de la salle, et il rentre dans le tunnel pour continuer son combat, inlassablement. Quand le rideau se sera abaissé après la dernière scène, il ne lui faudra pas moins de 4 ou 5 heures pour que la transmutation inverse s'accomplisse. Le lendemain il se réveillera, perclus de courbatures. Et pourtant Gilbert Py n'a-t-il pas été accoutumé depuis sa plus lointaine enfance à adopter de multiples visages différents ?

Il est né à Sète, dans une roulotte, en 1933. Son père, entrepreneur forain, fit de lui un saltimbanque. Il vécut sa jeunesse, mêlé aux gens du cirque, se précipitant avec sa moto sur les parois verticales du mur de la mort, incarnant l'homme sauvage, jouant de l'accordéon, du violon ou du piano, dansant et chantant, dans les foires et les manèges du littoral méditerranéen. D'incontestables dons l'incitèrent à travailler sérieusement l'art chorégraphique si bien qu'à l'âge de 14 ans il tint la place de 2ème danseur à l'Opéra de Montpellier. Il ne devait jamais se départir du goût de la danse. De quelle surprise les spectateurs du théâtre de Gand, bien plus tard, ne furent-ils pas saisis, en voyant Gilbert Py, ténor, abandonner la tunique de Faust, puis s'élancer comme danseur dans le ballet de la Nuit de Walpurgis, au cours de la même représentation ? Mais sa vocation profonde, irrésistible-

ment, le poussait vers le chant. Doté, très jeune, d'une voix forte, il chantait les airs à succès de Luis Mariano, son idole. Pendant les spectacles forains il acquit vite l'astuce de pratiquer le play-black, sauf à s'amuser de temps à autre à pousser un vrai si-bémol éclatant. L'idée de devenir chanteur d'opéra ne l'effleurait pas. Tout au plus eût-il envisagé de se tourner vers l'opérette, lui qui, totalement dépourvu de culture, avait fréquenté l'école 6 mois à peine et qui ne produisait les notes

Gilbert Py, puissant ténor, est en même temps un athlète parfait. Le voici, véritable Tarzan, en vacances avec sa femme.

128

que par instinct. Par quel miracle ce même homme, à l'âge de 35 ans, deviendra-t-il capable d'interpréter Lohengrin et Siegmund dans un allemand impeccable et de faire de l'italien sa langue familière au cours de ses pérégrinations d'artiste international ?

De longues années devaient s'écouler avant qu'il prit conscience que sa voix était un don du ciel. Entre-temps il poursuit son existence de bohémien errant, vivant au jour le jour, tombant parfois dans un complet dénuement. Qu'importait ! Cet homme des bois, dépourvu de biens, ne se souciait guère de l'avenir; il trouvait à chaque occasion tel ou tel expédient pour se tirer d'un mauvais pas, ne serait-ce qu'en faisant une cueillette de pissenlits et en allant la vendre au marché ! Il avait largement dépassé le cap de ses 20 ans lorsque, encouragé par les uns et les autres il se décida à travailler le chant et à envisager de faire une carrière lyrique. Il partit en quête de conseils. Jean Giraudeau, professeur à l'Aca-

Georges Thill et Gilbert Py à Marseille, en 1979, à l'issue d'une représentation de Samson et Dalila.

démie Nationale de Nice, ne manqua pas d'encourager ce jeune stentor. Cependant, victime du plus absurde des contre-sens, Gilbert Py ne trouvait pas d'engagement car les impresarios et les directeurs de théâtre n'accordaient aucun avenir à sa voix «trop forte pour ne pas se dégrader rapidement», pronostiquaient-ils !

Enfin en 1964, le théâtre de Verviers, en Belgique, lui fournit l'occasion de débuter sans gloire sur une scène d'opéra, dans Madame Butterfly. Mais à quelque temps de là, M. Cognet, le directeur de l'Opéra de Tourcoing qui l'avait remarqué et qui avait misé sur lui, eut la satisfaction d'assister à la réussite de ce «cheval-Py» dans une représentation de la Tosca ! L'impulsion était donnée. Il entreprit des tournées en Belgique, puis dans les grandes villes de France, chantant Hérodiade, Carmen, Othello, Paillasse, Aïda, etc. En 1969 René Nicoly Administrateur de la R.T.L.N. eut l'occasion de l'entendre dans Samson et Dalila aux Arènes de Nice, avec Rita Gorr et Ernest Blanc comme partenaires. Il fut enthousiasmé et se tourna vers Jean Giraudeau, nouvellement directeur de l'Opéra-Comique, pour lui demander son avis. Les deux hommes ne barguignèrent pas longtemps ! Giraudeau savait qu'en engageant Gilbert Py, il enrichissait sa troupe d'un exceptionnel «blanc-bleu». La Salle Favart tenait là un authentique Paillasse alors que le Palais Garnier pourrait compter immédiatement sur un grand Don José et disposerait pour l'avenir non seulement d'Othello et de Samson, mais encore du vrai Heldentenor de la Tétralogie. Les temps prospères de Franz ou de José de Trévi allaient-ils revenir ? Malheureusement la R.T.-L.N. ne profita guère de cette précieuse recrue, car les malheurs de l'année 1971 s'abattirent sur elle. Gilbert Py à l'instar de ses camarades de la Troupe, fut exilé de Paris et dut se débrouiller de son mieux. Il n'eut point de mal à cela, car en peu d'années, il s'était taillé une brillante réputation. Un impressario allemand, séduit par son interprétation dans la Reine de Saba à Toulouse, lui proposa de nombreux contrats pour d'importants théâtres d'Outre-Rhin. A Stuttgart, Hambourg, Munich, Dusseldorf, etc. Py chanta le Trouvère, la Tosca, Aïda, Carmen, dans leur langue originale et chaque fois il remporta de francs succès. Mais en outre, son séjour en Alleman-

gne lui révéla un univers musical nouveau : celui de Richard Wagner ! la sensibilité du saltimbanque s'ouvrit aux émotions pures d'un Chevalier du Graal !

Puis il vécut, à partir de 1972, de passionnantes expériences en Amérique et en Italie. Carmen, Samson, Othello, Aïda, devinrent ses chevaux de bataille et il réussit tant et si bien, qu'en 1974, la redoutable et glorieuse responsabilité d'ouvrir la saison des Arènes de Vérone dans Samson et Dalila lui fut confiée. Ce jour là parmi les dix mille spectateurs électrisés on put remarquer un vieillard aux cheveux blancs, à l'allure d'empereur romain, qui n'avait pas manqué de venir soutenir son succeur : c'était José Luccioni ! Désormais, Gilbert Py, consacré grande vedette internationale ne cessera plus de parcourir le monde et de faire retenir sa puissante voix sur les vastes scènes des Opéras à Barcelone, à Turin, à New-york, à Mexico, à Téhéran, à Vienne, à Budapest, à Paris, etc. Son Samson et son Othello sont universellement connus. Il faut lui souhaiter de réaliser son rêve en atteignant la même gloire dans Siegmund et dans les grands héros Wagnériens. Ceux qui l'ont entendu dans ces emplois n'affirment-ils pas que sa voix lui permettrait probablement de devenir l'un des premiers heldentenors de sa génération ?

Georges Py jouant avec des lionceaux

18

A CHACUN SA VERITE

L'amateur - d'Opéra - de - plus - de - quarante ans, - admirateur - des - grands - ténors - français - Thilliste - Luccioniste - qui - s'est - parfaitement - formé - l'oreille - aux - voix - dans - les - salles - de théâtre - et - sait - très - bien - ce - que - chanter - veut dire - mais - qui - est - facilement - pris - de - nostalgie - quand - on - évoque - le - passé

et

L'amoureux - du - lyrique - de - moins - de - quarante - ans - inconditionnel - des - vedettes - internationales - Domingiste - Vickeriste - qui - a - acquis - une vaste - culture - par - les - disques - et - se - montre - très - exigeant - sur - la - qualité - de - la - direction - musicale - mais - qui - reste - assez - sceptique - à - l'égard - de - la - prétendue - tradition - française

entamèrent le dialogue suivant
à l'automne de l'année 1980 :

— Ah quelle époque malheureuse nous vivons ! Naguère l'Opéra de Paris s'énorgueillissait de ses magnifiques ténors aux voix et aux talents si divers. Ils pouvaient tout chanter : Wagner, Mozart, Verdi, Puccini, Gounod, Massenet, Bizet trouvaient en eux des interprètes idéaux...

— Il n'en reste pas moins que ces ténors se produisaient devant des salles où l'on baîllait. Le public n'est revenu en rangs serrés à l'Opéra qu'à la condition d'applaudir des artistes de qualité internationale. Force est bien de convenir qu'on ne voit guère de Français parmi ces derniers.

Oui - dà ! Mais encore faut il expliquer pourquoi. Les directeurs d'Opéra engagent exclusivement les «produits commerciaux» les plus rentables sur le marché mondial et en particulier sur celui du disque. Or de véritables monopoles se sont créés, et leurs titulaires exercent un contrôle total de la profession.

— Vous n'allez tout de même pas regretter que l'on accueille à Paris Placido Domingo, John Vickers, Luciano Pavarotti ou Giacomo Aragall ! Vous rappelez-vous les ovations délirantes qui furent réservées à ces quatre interprètes merveilleux ?

-- Voilà un argument peu convaincant. Les gens qui ont applaudi à tout rompre, par exemple Vickers dans Samson ou Domingo dans le Trouvère ne se sont même pas aperçus que le premier trichait sur tous les si-bémols aigus et que le second transposait le contre-ut d'un demi-ton, voire d'un ton, en dessous.

- Les performances sportives ne sont pas le critère de la qualité artistique. N'est-ce pas la beauté des sons qui compte   avant tout ? Ne faut-il pas chercher l'émotion esthétique dans l'intelligence musicale, dans l'autorité dramatique, bref dans l'authentique talent bien plus que dans les «coups de gueule» ?

- Si un compositeur a pris la peine d'écrire certaines notes, c'est bien qu'il les jugeait indispensables. Mais où est le respect de la tradition d'interprétation des oeuvres ? Certainement pas là où l'on entend vos vedettes étrangères estropier abominablement notre belle langue française.

- Personne n'est à l'abri d'une imperfection. Le progrès considérable de notre époque consiste à imposer aux chanteurs qu'ils utilisent la langue originale sur laquelle la musique a été écrite. L'Opéra de Paris a trop longtemps abusé des fameuses «traductions» auxquelles nul livret n'échappait, fût-il écrit par Richard Wagner lui-même !

- Ce n'est pas une raison pour abîmer le français. Si vous n'avez pas, dans Faust ou dans Werther, un ténor à la diction impeccable qui chante avec l'élégance et le raffinement français, vous passerez à côté des beautés de ces partitions.

- Croyez-vous que les oeuvres étaient tellement mises en valeur, naguère, à l'Opéra de Paris quand on jouait sans répétitions préalables un répertoire quasi-jamais renouvelé ? Les chanteurs français n'ont-ils pas engendré leurs propres maux à cause d'un indiscutable manque de sérieux dans leur métier ?

- Quand on veut tuer son chien on dit qu'il a la rage ! Actuellement il souffle un vent de snobisme qui incite l'opinion à dédaigner le répertoire et les artistes français. J'ajoute que, dans les enregistrements dits internationaux, l'interprétation de nos opéras par les artistes étrangers à la mode, est, la plupart du temps, scandaleuse. On ne saurait mieux faire pour «couler» nos belles oeuvres. Prenons un exemple entre mille : avez-vous

jamais entendu le disque de Roméo et Juliette gravé par Franco Corelli ? Ne réunit-il pas toutes les conditions pour faire prendre Gounod en grippe ?

- Vous oubliez simplement que si le disque de Roméo fait le tour du monde, c'est bien à Franco Corelli qu'il le doit. Seuls les noms des grandes vedettes incitent les gens à acheter. Les enregistrements à grande diffusion ont le mérite de véhiculer notre culture dans tous les pays de l'univers. Croyez-vous que les Américains, les Espagnols ou les Allemands soient choqués par la pointe d'accent de Corelli ? Enfin n'est-ce pas une chance pour Gounod qui, malgré ses mérites, n'a jamais eu le génie d'un Mozart, d'un Wagner, d'un Verdi ou d'un Puccini ?

Je vous attendais là. Non, la France n'a aucune raison d'éprouver de complexe d'infériorité en matière musicale. Oublieriez-vous qu'outre Gounod, Bizet, Massenet, Saint-Saens, Debussy, etc..., la France a eu Lully et Rameau et que ces compositeurs ont porté au point de perfection la tragédie lyrique, genre entièrement original et pratiqué nulle part ailleurs. Pourquoi ces oeuvres ne seraient-elles pas remises à la mode, tout comme celles de Mozart l'ont été par des Festivals !

- Personne ne s'en plaindrait certes. D'ailleurs n'a-t-on pas programmé à l'Opéra de Paris, pour la saison 1980-81, le Dardanus de Rameau, alors que depuis 1973 on a affiché régulièrement au Palais Garnier, Faust, les Contes d'Hoffmann, Samson et Dalila, Pelléas et Mélisande, etc... et à la Salle Favart Werther puis, enfin ! Carmen.

- J'en conviens et je constate avec satisfaction que la mode tourne. L'Angleterre puis les Etats-Unis, ont redécouvert les beautés de la musique française et voilà que nous emboitons le pas. Carmen détient le record mondial en étant l'opéra le plus joué. Il n'empêche que je ne décolère pas à voir ces directeurs d'Opéra, en province et à Paris, qui, mêlant une sorte de snobisme à une pratique inconsidérée du star-system, recourent exclusivement à des artistes étrangers, même pour l'interprétation du répertoire français.

— Vous n'ignorez pas que, de nos jours, le marché lyrique est devenu international et que ses usages règlent les distributions des grands théâtres du monde. Les directeurs, responsables d'un certain équilibre budgétaire, sont contraints de se tourner vers les illustres vedettes, car ces dernières, seules, sont capables de satisfaire le public, donc de remplir les salles. Est-ce la faute des directeurs si la France compte si peu d'artistes de grande envergure ?

— Je vous arrête sur-le-champ. Vous exprimez là une idée reçue, largement répandue, mais dénuée de fondement. Jetons un coup d'oeil sur les ténors. Je me bornerai à parler de Guy Chauvet et d'Alain Vanzo. Nulle part vous ne trouverez leur équivalent pour chanter le Prophète, les Troyens, la Damnation de Faust, Samson et Dalila, Turandot, pour ce qui est du premier, ou Faust, Carmen, Werther, Roméo et Juliette en ce qui concerne le second. Consultez le programme de la saison parisienne 1980-81 : Qui va chanter Calaf de Turandot ? Guy Chauvet ?, non, Luciano Pavarotti. Qui incarnera Roméo ? Alain Vanzo ?, non, José Todaro...

— Roméo sera aussi incarné par Giacomo Aragall, l'un des grands de ce monde...

— J'en suis fort aise, encore que je me demande s'il possède vraiment le style de Gounod. Mais mon propos n'est pas là. J'affirme qu'il existe, en France, d'admirables artistes et je soutiens que nos opéras ne sauraient se dérober à leur devoir de leurs offrir des engagements.

— Ne croyez-vous pas, au contraire, que la race des chanteurs français est en voie d'extinction. Où aperçoit-on la relève de la nouvelle génération ?

— C'est qu'il faut la chercher là où elle se trouve. Allez donc en province entendre des gens qui ont fait leurs preuves sur scène. Voulez-vous des ténors ? Je puis, d'emblée, vous en citer au moins deux : Gines Sirera, possé-dant la maitrise d'un talent épanoui, Guy Gabelle, plus jeune, mais laissant présager un brillant avenir. Ajourd'hui, l'un et l'autre pourraient apporter un précieux concours à Paris. Mais trève de morosité. Je suis persuadé que le pays de Jélyotte, de Nourrit, de Duprez, de Reszké, de Franz, de Thill, de Luccioni et tant d'autres merveilleux artistes, parviendra, contre vents et marées à prolonger sa lignée de prestigieux ténors de l'Opéra de Paris.

Ginès Sirera

133

DOCUMENTS ET LIVRES CONSULTES

INTRODUCTION : Mystérieux ténor

- *Albert DRYMAEL* : Principe de phoniatrie - Paris 1969
- *Edouard GARDE* : La Voix - Paris 1970
  Raoul HUSSON : La voix chantée - Paris 1960 — Le Chant - Paris 1962
- *Alfred TOMATIS* : L'Oreille et le Langage - Paris 1963

CHAPITRE 1

- *ARCHIVES NATIONALES* : Série AJ^{13} - I, Etat des appointements des chanteurs, 1713.
- *E. CAMPARDON* : L'Académie Royale de Musique au 18ème siècle (Documents inédits découverts aux Archives Nationales), Paris 1884.
- *A. DUCROT* : L'Académie Royale de Musique à Paris au temps de Louis XIV (1671-1715) : Recherches sur la musique française classique, Paris 1970.
  Lully créateur de troupe : Revue du 17ème siècle, 1973.

Recherches sur Lully et sur les débuts de l'Académie Royale de Musique : Thèse inédite de l'Ecole des Chartes, 1961.
- *FRERES PARFAICT* : Histoire de l'Académie Royale de Musique

CHAPITRE 2

- *ARCHIVES NATIONALES* : Série AJ^{13} I, Etat des acteurs et actrices du chant 1750, Traitements des artistes 1776
- *E. CAMPARDON* . op. cit.
- *A. JULIEN* : L'Opéra secret au 18ème siècle, Paris 1880, Minkoff Reprint 1978. La Cour et l'Opéra sous Louis XVI, Paris 1878
- *L. de la LAURENCIE* : Rameau
- *Th. LEMAIRE & H. LAVOIX FILS* : Le Chant, Paris 1881
- *FRERES PARFAICT* : op. cit.
- *A. POUGIN* : Pierre de Jelyotte et les chanteurs de son temps, Minkoff Reprint, Genève 1973
- *J. G. PROD'HOMME* : Pierre de Jelyotte, Paris 1902.
  Gluck, Paris 1948

CHAPITRE 3

- *H. de CURZON* : Les grands succès de l'Opéra et ce qu'il en reste, Paris 1889
- *GROUCHY* : L'Opéra en 1788-89 (sujets du chant)
- *L. QUICHERAT* : Adolphe Nourrit, sa vie, son talent, son caractère, sa correspondance, Paris 1867

CHAPITRE 4

- *BIBLIOTHEQUE DE L'OPERA* :
  Dossier d'artiste : Duprez
- *G. DUPREZ* : Souvenirs d'un chanteur, Paris 1880
- *A. LAGET* : Le chant et les chanteurs, Paris
- *L. QUICHERAT* : op. cit.

CHAPITRE 5

- *BIBLIOTHEQUE DE L'OPERA* : Dossiers d'artistes : Gueymard, Villaret
- *A. LAGET* : op. cit.
- *STEPHEN DE LA MADELAINE* : Théories complètes du chant, Paris 1852
- *S. WOLFF* : L'Opéra au Palais Garnier, Paris 1962

CHAPITRE 6

- *BIBLIOTHEQUE DE L'OPERA* : Dossiers d'artistes : Escalaïs, de Reszké, Van Dyck.
- *REVUE LYRICA (1922-1939)*
- *S. WOLFF* : op. cit.

CHAPITRE 7

- *BIBLIOTHEQUE DE L'OPERA* : Dossiers d'artistes : Alvarez, Muratore.
- *Revue LYRICA (1922-1939)*
- *S. WOLFF* : op. cit.

CHAPITRE 8

- *BIBLIOTHEQUE DE L'OPERA* : Dossiers d'artistes : Franz, O'Sullivan, Ansseau, Villabella, de Trévi.
- *REVUE LYRICA (1922 - 1939)*
- *S. WOLFF* : op. cit.

CHAPITRE 9

- *BIBLIOTHEQUE DE L'OPERA* : Dossier d'artiste : Georges Thill.
- *Jean GOURRET* : Chant, Entretiens avec G. Thill, Paris 1966
- *R. MANCINI* : Georges Thill, Paris 1966
- *REVUE LYRICA (1922-1939)*
- *S. WOLFF* : op. cit.

CHAPITRE 10

- *BIBLIOTHEQUE DE L'OPERA* : Dossier d'artiste : José Luccioni
- *R. MANCINI* : Les Trésors de l'Opéra : José Luccioni (sans date)
- *REVUE LYRICA (1922-1939)*
- *S. WOLFF* : op. cit.

CHAPITRE 11

- *BIBLIOTHEQUE DE L'OPERA* : Dossiers d'artistes : Jobin, Noré
- *REVUE LYRICA (1922-1939)*
- *S. WOLFF* : op. cit.

OUVRAGES GENERAUX :

- *J.G. PROD'HOMME* : L'Opéra, *Minkoff Reprint 1972*
- *Jean GOURRET* : Histoire de l'Opéra de Paris, Paris 1977.

INDEX DES NOMS DE TENORS CITES

TABLE DES MATIÈRES

gnoni - P. Finel - G. Botiaux - T. Poncet - R. Gouttebroze - G. Liccioni - M. Maïevsky - M. Cadiou - C. Burles - J. Dupouy.